本书由"南浔学者"项目（RC2022010587）奖励资助

自主水下航行器 协同编队控制技术

张美燕　刘自强　蔡文郁　著

中国原子能出版社

图书在版编目（CIP）数据

自主水下航行器协同编队控制技术 / 张美燕, 刘自
强, 蔡文郁著. -- 北京 : 中国原子能出版社, 2024.
10. -- ISBN 978-7-5221-3677-6

Ⅰ. U674.941

中国国家版本馆 CIP 数据核字第 2024EJ9441 号

自主水下航行器协同编队控制技术

出版发行	中国原子能出版社（北京市海淀区阜成路 43 号　100048）
责任编辑	白皎玮　陈佳艺
装帧设计	邢　锐
责任校对	刘　铭
责任印制	赵　明
印　　刷	河北宝昌佳彩印刷有限公司
经　　销	全国新华书店
开　　本	787 mm×1092 mm　1/16
印　　张	15.5
字　　数	235 千字
版　　次	2024 年 10 月第 1 版　2024 年 10 月第 1 次印刷
书　　号	ISBN 978-7-5221-3677-6　　　定　价　**86.00** 元

前　言

　　本书的写作目的是带领读者逐步深入了解水下自主航行器协同编队控制领域。通过对编队控制的基础理论，编队控制方法和实际应用的探究，做到了理论和实践相结合，让读者学有所得、学有所用。下面简要阐述本书中每个章节的主要研究内容。

　　第 1 章为绪论。介绍了自主水下航行器的研究背景，简要分析了国内外研究现状，包括多 AUV 发展现状，编队控制技术和强化学习。

　　第 2 章为自主水下航行器编队控制概述。探究了编队控制的主流方法，支撑技术和典型应用。

　　第 3 章为主从架构集群编队控制方法。针对主从架构（即领导 – 跟随者模型）的编队控制，介绍了六自由度 AUV 数学模型，建立不同维度下编队控制模型，借鉴反步控制法的思想提出了基于反步法的编队控制方法构建 AUV 运动控制器，研究了基于自抗扰控制器的编队控制方法构建动态控制器来跟踪参考值。

　　第 4 章为水声信道约束的编队控制方法。针对 AUV 协同编队存在水声通信约束的场景，研究了基于水声通信预测与补偿的编队控制方法和基于事件驱动主从通信触发的编队控制方法，通过对水声信道的特性进行建模和分析，设计了相应的控制策略和算法，提高编队控制的性能和稳定性。

　　第 5 章为基于强化学习的编队控制方法。研究了 AUV 编队控制的间歇通信问题，提出了基于 SAC 强化学习的路径跟随控制方法实现间歇通信下路径跟随，随后引入分布式强化学习架构，提出了基于分布式强化学习的编队控制方法，实现领导者 AUV 与跟随者 AUV 的智能决策，为编队控制提供一体式解决方案。

第 6 章为面向集群无通信的编队控制方法。针对无通信约束下编队控制问题，讨论了编队控制的通信原理及约束，总结无通信编队控制方法的研究现状，提出了基于水下双目视觉的 AUV 编队控制方法，利用水下双目视觉获知相对距离信息，并设置相应的控制策略，最终实现无通信场景下相对拓扑测量与基于拓扑的编队控制。

第 7 章为编队实验测试。对本书所提出方法开展现场实测，主要涉及测试场景，集群编队测试和编队探测测试。

本书介绍了作者近年来在自主水下航行器运动控制领域的研究成果。在写作过程中得到了"南浔学者"项目（RC2022010587）的资助，在此表示诚挚的感谢。由于作者水平有限，书中难免存在疏漏之处，希望多提宝贵意见，以便作者进一步完善本书。

目　录

第1章 绪 论

1.1 研究背景

海洋中存在地球上最大的生态系统,不仅可以为人类提供食物来源,还能提供丰富的矿产生物资源,因此已成为许多国家和地区经济发展的重要支柱。美国在《2030 年海洋研究与社会需求的关键基础设施》规划中制订了针对海洋基础设施的庞大计划,包括海洋钻探船、科学考察船、水下机器人等装备。英国国家海洋中心发布《2040 年英国海洋科学发展战略报告》,提出利用应用卫星、自主平台、浮标等装备替代部分船载调查设备等逐步实现"零碳"目标。我国政府高度重视海洋科技的发展,提出了一系列新的政策导向。党的十八大报告首次提出"海洋强国"战略,旨在通过科技创新推动海洋经济的发展,保护海洋环境,提升国家海洋综合竞争力。"十四五"规划明确提出要提升海洋科技自主创新能力,围绕海洋工程、海洋资源、海洋环境等领域加快关键核心技术的突破,培育壮大海洋工程装备。在这种趋势下,加快对智能化无人海洋装备系统的研究刻不容缓,实现海洋资源探索更深入、地形地貌测绘更精细、海洋生态环境监测更立体的目标。

自主水下航行器(Autonomous Underwater Vehicle,AUV)是海洋装备中灵活度最高、智能性最强的机动探测设备,它集合了人类前沿的机器人领域智慧结晶,涉及海洋学、材料、电子、机械工程等多个学科领域,可实现在没有人类干预的情况下,通过自主或远程控制等方式执行各种复杂任务[1-2]。

随着机器人、人工智能和传感器技术的迅速发展，AUV 变得越来越智能，可以替代人类在极端情况完成各种复杂任务。通过自动采集、智能分析与解释理解水下环境的感知数据，AUV 可以在没有人为干预的情况下自主适应复杂多变的水下三维环境，实现水下环境自主定位与导航、智能数据收集与分析，以更高的精度和效率执行复杂任务。这些技术研究拓展了 AUV 的功能，为海洋探索[3-4]、环境监测[5]、残骸检查[6-7]、水下测绘与勘测[8-10]、军事应用[11-12]等领域应用开辟了新的方向。

随着海洋探索的不断深入，大范围、高时效性和复杂性的任务日益增多。由于单台 AUV 受到自身硬件资源的限制，在执行任务时将不可避免地存在局限性[13]，因此，迫切需要寻求新的解决方案。受到自然界中群体自组织行为启发，通过有效的分工和协调，避免重复性工作，最大限度地利用多智能体的个体能力进行协同，可以提高整体集群系统的工作效率[14]。水下编队运动是一种多 AUV 协同合作的经典范式，通过模拟水下复杂的交互和自组织行为实现多 AUV 群体规律运动。编队集群协同的工作方式能够弥补单一AUV 感知能力不足的缺点，并通过任务分担、互相协作，在特定任务场景中共同完成一系列大规模的复杂任务。

根据目前的技术发展趋势，AUV 正朝着更加智能化、高效化和集群化的方向发展[15]。通过设计更高性能的 AUV 应对复杂多变的应用场景，通过决策与控制系统自适应地根据环境变化快速准确实施控制，采用多机协同的作业模式为海洋工程装备技术的发展带来新的变化。目前在高性能多 AUV 编队控制技术还存在一些局限和挑战，具体表现如下。

① 在现有的相关研究中，AUV 编队结构基本考虑二维平面，三维空间下的编队控制并不完整，跟随 AUV 的姿态等其他状态不会随领导者姿态变化而自动变化，多 AUV 编队控制的通用范式还没有深入地研究，因此，难以适用于三维环境中的围捕、管道巡检、线缆查探等特殊场景。

② 水下复杂环境中存在大量未知干扰，对 AUV 个体的运动稳定性造成了新的挑战。同时，水下声学通信是 AUV 集群为达成一致目标而进行交互

沟通的常用技术手段，受目前水声通信技术的带宽有限、信号干扰严重等约束，AUV 之间难以进行有效的实时信息交互。现有的编队控制方法尚未完全解决在按需通信、数据时延、丢失条件下的编队控制。

③ 传统控制方法多依赖于精确 AUV 模型与参数，而在实际中难以精确测量，鉴于无模型的强化学习方法已经在机器人等领域有广泛的应用，但针对间歇性通信下的三维 AUV 编队控制的多智能体强化学习研究目前仍处于空白状态。

1.2　国内外研究现状

1.2.1　多 AUV 发展概况

多 AUV 为探索海洋提供了一种经济高效的方式。早在 20 世纪 90 年代，美国新罕布什尔大学的 Albus 和 Blidberg 就提出采用多台自主水下航行器执行水下任务的想法[16]。他们采用了分层的分布式机器人控制结构，实现了编队形成、运动与分离。在国防高级研究计划局海军技术办公室的资助下，在温尼帕索基湖成功完成了两台 AUV 的协同搜索、扫描实验。

在自主海洋水文采集网络（Autonomous Ocean Sampling Network，AOSN）项目资助下，5 台由斯克里普斯海洋研究所的喷雾式滑翔机[17]和 10 台 Woods Hole 海洋研究所的滑翔机[18]于 2003 年在蒙特利湾开展了实验[19]，通过人工势场方法实现编队保持和协同路径跟踪等复杂任务[20]。英国 Nekton 研究所于 2003 年开发了一种水下多智能体平台（Underwater Multi-agent Platform，UMAP），它由 4 台重量仅 5 kg、机动性强的 Ranger micro-AUV 及其配套软件构成[21]，如图 1-1 所示。UMAP 为协同控制、容错控制和多智能体算法等研究提供支持。分布式侦察与探测协同自主系统（Cooperative Autonomy for Distributed Re-connaissance and Exploration，CADRE）[22]旨在协调和优化异构无人水下航行器的集体行动。该系统被设计用于自主执行目标任务，以满足美国海军无人潜航器总体规划中的海底搜索与调查、通信、导航等需求。CADRE 系统的核心特性在于其出色的可扩展性和模块化设计。由 AUV 和自主水面航行器（Unmanned Surface Vehicles，USV）网络组成的 CADRE 系统，能够独立并同时进行广域海底水雷对抗调查，兼顾保证导航和定位的高精度，图 1-2 为该系统示意图。其中三台 SCM 航行器使用侧扫声呐对两侧区域覆盖，使用前视声呐填补中间遗漏区域，两台 C/NA 航行器都带有一个高性能导航包。当探测到类似地雷的物体并对其进行分类时，C/NA 将委托 RI 航行器调查情况；在 RI 识别并标记目标后，加速返回编队。

图 1-1　Ranger micro-AUV[21]

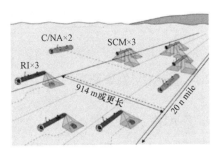

图 1-2　CADRE 项目[22]

GREX 研究项目由欧盟于 2006 年启动[23]，其研究成果为未来自主水下航行器协同提供了重要的理论基础和实践经验。图 1-3 为异构自主水下航行器典型结构，研究人员首次实现了多机种合作任务的协调执行，这对提高自主水下航行器集群的整体协调能力具有重要意义。此外，项目中开发的通用控制系统、协作导航解决方案、通用通信中间件等技术也为未来自主水下航行器协同作战的发展提供有力支撑。

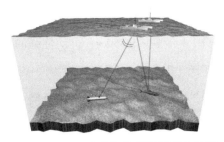

图 1-3　GREX 多异构航行器研究项目[23]

2011 年，欧盟启动了集体认知机器人（Collective Cognitive Robotics，CoCoRo）项目[24]，旨在研发一种由多个协同合作的人工智能机器人组成的系统，以模拟和重现群体生物行为。在该项目的资助下，奥地利 Graz 大学人工生命实验室成功组建了当时世界上数量最多的水下机器人集群，包括 41 个微型水下机器人。每个机器人都配备了 3 个执行驱动装置、发光二极管（Light Emitting Diode，LED），以及光学传感器、惯性传感器、压力传感器等，如图 1-4 所示。通过自主领航、感知和交流等功能，CoCoRo 项目有望实现机器人在水下环境中的高效探索、监测和协同工作。该项目的实施对未来海洋科学和工程研究具有重要的学术和实践价值。

2014 年，可扩展移动水声组网技术（Widely Scalable Mobile Underwater Sonar Technology，WiMUST）项目在欧盟支持下成立[25]。该系统在土木工程和石油天然气行业的应用潜力巨大，特别是在海床测绘、海底表征和地震勘探等领域的基础操作中。该系统的关键创新之处在于采用一组协作的自主海洋机器人作为可重新配置的移动声学网络的智能传感和通信节点。图 1-5 中的水下自主航行器配备了小孔径的水听器，使得整个系统呈现出一个分布式声学阵列，能够通过安装在船上的一个或多个声源发送的强声波对海床和海底进行照明来收集声学数据。通过主动控制机器人编队的几何形状，WiMUST 系统可以根据特定应用需求改变声学阵列形状。这种操作灵活性可以提高海底分辨率，并在几乎任何频率和任何平面上实现旁瓣抑制。

图 1-4 CoCoRo 项目[24]

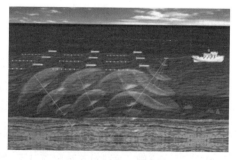

图 1-5 WiMUST 项目[25]

2014 年,日本启动了以下一代海洋资源勘探技术为重点的海洋"Zipangu"项目[26-27]。整个项目由 USV、AUV 编队、新型悬停 AUV 和新型声学定位系统等组成,如图 1-6 所示。在探索海洋矿产资源任务中,AUV 通过超短基线定位系统(Ultra-Short Baseline,USBL)获取 USV 提供的位置信息并沿着预定路线对海底进行扫描,USV 始终与舰队保持距离。当 AUV 无法与 USV 联系时,丢失的 AUV 和其他航行器都将移动到预定义路线中的预定义集合点核对信息。

2017 年,美国加州圣地亚哥大学研究人员受浮游生物行为启发,研制了一种微型水下航行器集群 M-AUE[28]。M-AUE 由两个基本组件组成:小型自由漂浮的潜水器和一组系泊全球定位系统的浮筒。M-AUE 可随海水移动并通过调节浮力来调整自己所处的位置,同时可通过温度、盐度、深度等传感器收集海洋环境数据。16 个 M-AUE 被部署在 300 m 直径的海域内随洋流漂移,如图 1-7 所示。

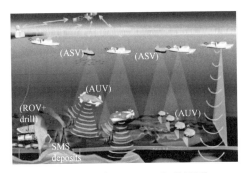

图 1-6　海洋"Zipangu"项目[26]

图 1-7　M-AUE 集群[28]

2018 年,澳大利亚海洋技术公司将 SwarmDiver 型 AUV 作为商业产品推出[29],如图 1-8 所示。该微型 AUV 长度为 75 cm,重量为 1.7 kg,水下工作深度为 50 m,因其轻便小巧,单人即可完成下放、操作、回收等操作,支持 40 个组成集群工作,为水文测量、反水雷、水上及水下通信侦察提供支持,因此,也受到美国海军水下战略研究中心资助。

2021 年,哈佛大学约翰保尔森工程和应用科学学院和韦斯生物启发工程研究所提出 Blueswarm 集群系统[30]，如图 1-9 所示。该项目受鱼群行为启发，利用三维鳍运动和三维视觉感知技术，集群内成员可以通过相机检测到距离 5 m 内的 LED 光信号，并实现不通过显性通信的局部决策和自组织行为。该项目通过感知邻居的隐式视觉，实现了复杂而动态的三维集体行为，包括同步、分散/聚合、动态圆圈形成、搜索捕获等。

图 1-8　SwarmDiver 集群[29]

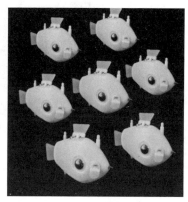

图 1-9　Blueswarm 集群系统[30]

国内 AUV 集群系统研究起步较晚[31]，主要研究单位为北京航空航天大学、哈尔滨工程大学、中国科学院沈阳自动化研究所、天津大学、西北工业大学等科研机构。

2001 年，北京航空航天大学机器人研究所首先研究了多仿生机器鱼群体游动协调的问题[32]，并成功开发了一套高效、高机动性的微小型多机器鱼平台。该平台利用 AGENT 网格算法进行多机器鱼的定位和协调控制。通过该实验平台，研究人员进行了多机器鱼对抗和多机器鱼协调过孔的实验研究。

2003 年，哈尔滨工程大学在前期多机器人协调控制、多机器人控制结构研究的基础上，通过光纤通信在渤海进行了两台 AUV 集群协同实验[33]。2014 年，哈尔滨工程大学水下机器人技术重点实验室对 AUV 的路径跟随、编队控制、目标跟踪问题进行了探索，并在山东威海港开展了 3 台异构 AUV 组成集群系统（见图 1-10）路径跟踪的水平面协同实验[34]。

2017 年，中国科学院沈阳自动化研究所在南海同时布放 12 台"海翼"系列水下滑翔机（见图 1-11），通过远程监控方式实现集群系统对立体海洋的海水温度、盐度、含氧量、海洋强度等监测，期间获得了 3 720 个剖面数据，轨迹的平均水平分辨率为 2.1 km[35-36]。

图 1-10　异构 AUV 集群[34]　　　　图 1-11　"海翼"水下滑翔机集群[35]

2017 年，天津大学深海智能装备团队利用自主研发"海燕"系列水下滑翔机（见图 1-12）在南海北部验证了三种滑翔机网络拓扑结构在观测中尺度涡旋三维结构方面的有效性，并提供了一种考虑收集信息冗余和资源限制的情况下高效水下滑翔机网络的构建方法[37-38]。

2021 年，中国科学院沈阳自动化研究所在便携式自主水下机器人"探索 100"的基础上，通过协同组网探测的方式，在湖上对温跃层实现实时跟踪[39]。不同于水下滑翔机，"探索 100"AUV 采用鱼雷状流线型外形（见图 1-13）[40]。

图 1-12　"海燕"水下滑翔机集群[37]　　　　图 1-13　"探索 100"号 AUV 集群[40]

2021 年，西北工业大学针对浅水濒海区域的水下目标探测需求，开展了 AUV 自主跟踪目标和多 AUV 协同探测等技术研究。利用三台"勇毅"号水下航行器实现了集群三角队形和一字队形的快速变换和高精度保持（见图 1-14）[41]。

图 1-14 "勇毅"号集群[41]

2022 年，中国科学院院士陈大可牵头的"智能敏捷海洋立体观测仪"（Intelligent Swift Ocean Observing Device，ISOOD）项目获得国家自然科学基金委重大科研仪器研制项目资助，旨在绘制次中尺度涡旋的三维图像，并研究海洋与台风之间的相互作用机制。由于海洋次中尺度过程是全球海洋动力系统和能量平衡的关键部分，目前尚不能够在海上直接观察到其完整的三维结构。ISOOD 以智慧母船为主体，搭载大量无人机、无人艇和自主潜水器等设备，具备快速机动能力。母船部署后，在无人节点集群组网协同控制、跨域异构组网通信、时间同步与定位导航一体化、数据可视化与科考作业管理等关键技术的支持下，形成了一个上到空中 4 000 m，下到水下 1 500 m，覆盖 160 km 的跨域协同立体观测网络。

综上所述，多 AUV 系统以其鲁棒性强、作业范围广、工作效率高等特点，已经在水下探测、监视、环境监测等领域得到广泛应用。编队控制在近年来的 AUV 集群项目中作为核心技术得到大量应用，通过稳定的协同运动进一步提高了海洋勘探、水下资源开发、救援等领域的效率和安全性，在水下作业中展现了更大的潜力和应用价值。

1.2.2　编队控制技术

编队控制是多智能体协调运动的基础技术，用于协调和控制多个智能体在特定的任务场景中协同工作，相互配合高效完成相应任务[42]。编队系统要求多智能体在完成控制任务的同时，在空间上保持特殊队形。编队控制具有广泛的应用前景，在航天、军事、工业、娱乐等各领域都发挥重要作用[43]。

编队控制系统受多方面因素的影响，包括编队模型、智能体动力学，以及智能体之间的通信质量。因此，涉及多个控制层次的编队系统架构较为复杂。为了便于研究，通常将编队控制问题分解为多智能体队形控制子问题和智能体路径跟踪控制子问题，这种解耦分层的编队任务处理方式简化了研究流程。目前，主流的队形控制模型包括领导–跟随者模型、虚拟结构模型、基于行为的模型和基于图论的方法[44]，具体的编队控制方法及相关内容在第2 章深入讨论。

路径跟踪控制在于驱动智能体按预定轨迹或路径进行运动，通过比较智能体当前位置与预定轨迹之间的差异，计算出控制指令使智能体沿着既定轨迹移动。路径跟踪控制决定了智能体运动的稳定性和鲁棒性。智能体动力学模型的不精确，以及各种干扰因素都将对路径跟踪控制方法带来挑战。

目前 AUV 路径跟踪控制的研究成果较多。Sarhadi 等研究了模型不确定性和执行器饱和问题，提出了一种针对 AUV 的带有动态抗积分饱和补偿器的自适应比例–微分–积分（Proportional-Derivative-Integral，PID）控制器[45]。Bingul 等学者额外研究了在具有测量噪声、推进器故障情况下的跟踪方，将智能 PID 和 PD 前馈控制器相结合，实现了良好轨迹跟踪精度和更好的扰动抑制性能[46]。在 Fernández 等的研究中，模型预测控制（Model Predictive Control，MPC）状态估计器采用线性波动理论近似海浪波场下的流体动力学，以此预测和抵消海浪场对水下机器人的干扰[47]。Zhang 等开发了一种基于模型预测控制的三维水下轨迹跟踪方法，将轨迹跟踪控制视为一个容易在线计算的标准凸二次规划（Quadratic Programming，QP）问题，在每个采样时刻对系统控制输入进行优化[48]。针对具有不确定性的多 AUVs 的编队跟踪控制问题，Wang 等提出了一种预定义时间滑模控制器（Sliding Mode Control，SMC）以扩展最近有限时间和固定时间方案，保证 AUV 跟踪误差在有限时间内收敛为零，与初始系统条件无关，因此，不需要通过试验来选择控制参数即可实现误差在定义时间内收敛[49]。为了减少不确定性和外部扰动的影响，Hou 等研究了具有输入饱和和输出约束的干涉式 AUV 轨迹跟踪控制问题，提出基于连续终端滑模的反馈控制，通过多个高阶控制屏障函数保持 AUV 姿态和关节运动的可达性，并根据凸二次规划的分离控制框架处理跟踪问题和输出满足问题[50]。An 等采用了自适应固定时间扰动观测器方法用于存在外部扰动的欠驱动 AUV 的跟踪控制问题，通过固定时间干扰观测器对外部扰动进行估计和补偿，实现在固定时间内稳定估计误差[51]。结合固定时间积分滑模控制方法实现轨迹跟踪控制，有效地缓解了控制抖振现象。Liu 等学者开发了一种无须任何加速度测量的非线性扰动观测器来识别集中扰动项[52]。通过二阶滑模控制、反步法与非线性扰动观测器相结合，设计了有限时间轨迹跟踪控制器。Du 等考虑到微型自主水下直升机的高度耦合非线性、模型参数、扰动未知等因素，采用了一种自适应反步滑模控制算法，其中自适应算法在必要时激活进行增益自适应以提升系统稳定性[53]。

1.2.3　基于通信约束的水下编队控制技术

多智能体协同完成复杂任务的能力依赖于智能体之间的合理协调，而协调主要依赖于信息交互。AUV 工作在复杂的水下环境，当前主流的四种水下通信方式为声通信、光通信、射频通信和磁感应通信。

声通信是一种广泛用于水下环境的无线通信技术，它利用声波在水下传输数据，主要原理是采用数字信号调制声波，具有传输距离长等特点。然而，声学通信的主要缺点是容易受环境因素的影响，如环境噪声、多径反射和多普勒效应[54]，这些因素会严重降低信号质量并降低数据速率。

光通信通过光波进行数据传输。与声学通信相比，光波具有更宽的带宽，并且可以提供更高的数据速率。蓝色和绿色光在水下的穿透力比其他波长的穿透力更强，通常采用蓝/绿色激光器或 LED 作为光源，通过调制光的强度或相位来编码信息[55-56]。光通信表现出较低的时延，然而，光通信信道受高色散、衰减、吸收和湍流等因素影响，限制了其通信范围。同时，水下光通信对发送设备与接收设备的布放要求更为严格。

射频通信利用无线射频信号进行信息传输。对无线电波而言，水是一种导电介质，因此会产生较大的损耗。通常只有频率在 30 到 300 Hz 之间的超低频信号才能在导电的海水中传播，这也对收发天线的长度提出了较高的要求。

磁感应通信是一种通过时变磁场实现水下通信的技术。由于不同介质的磁导率和相对磁导率相似[57]，因此，磁场可以穿透这些介质完成通信。Guo 等学者采用三线圈验证了全向通信功能[58]。然而，该项技术在实践中仍面临诸多问题，目前仍在研发阶段。

现有的水下无线通信技术各自具有不同的优势和局限性，表 1-1 对比了相应技术的性能。声通信提供远距离通信能力，但存在较高通信时延，且速率和带宽有限；光通信提供了更高的通信速率和更低的时延，但通信传输距离较短，需要额外的物理对准为前提；射频通信则受通信距离的限制；较长距离磁感应通信技术尚在研发阶段。

综上所述，常规陆空通信技术的性能在水下严重下降，相对于光学通信技术和无线电通信技术，水声通信仍是当前 AUV 集群中应用最广泛的通信技术，具有发送无须物理对准和通信距离长的优点。

表 1-1　水下通信方式

通信技术	最大通信距离	速度	传输速率量级
声通信	～20 km	1 500 m/s	kb/s
射频通信	～10 m	2.25×10^8 m/s	Mb/s
光通信	～100 m	2.25×10^8 m/s	Gb/s
磁感应通信	～100 m	—	Mb/s

　　水下无线通信技术的瓶颈已成为多智能体集群编队控制中亟待克服的关键难题。为此，研究者开始重点关注通信约束下的多 AUV 编队控制方法，包括低通信频率、高时延、数据易丢失等约束下的水下通信特性。

　　在低频率水声通信特性的限制下，大规模数据的交互成为难题。为此，研究人员对提升水声通信资源使用效率的问题进行了研究。Cui 等提出采用无源滤波器来补偿 AUV 之间未知的相对速度误差，并使用观测器来估计 AUV 自身的速度。通过在信息交互过程中无须交换速度信息，有效地减少了 AUV 集群之间的通信量[59]。Gao 等研究了一种具有事件触发水声通信功能的 AUV 固定时间编队控制方法，所提出的事件触发通信策略用于连续或周期性通信模式的切换，开发基于补偿器的命令滤波编队控制算法，确保跟随者 AUV 能够在给定时间内跟踪到领导者 AUV[60]。针对编队中领导者异常导致的编队重建问题，Li 等提出通过改进匈牙利算法解决非标准分配问题，实现最小成本的编队重建，并通过事件触发机制减少不必要的通信[61]。Dai 等为了保持机器鱼编队性能和通信消耗之间的平衡，为领导者和跟随者提供了独立的事件触发机制，验证了基于事件驱动的一致性编队控制协议的稳定性，并引入无迹卡尔曼滤波的事件驱动机制进一步降低通信频次[62]。

　　针对水下环境中通信的时延特性，近年来的相关工作主要集中在具有预测补偿性能的控制策略和带约束的一致性理论研究。Rout 等为编队中每个跟随者 AUV 设计了连续离散扩展卡尔曼滤波（Continuous-Discrete Extended Kalman Filtering，CD-EKF），以提高水下离散数据通信中对领导者状态的感知，并在此基础上，提出基于李雅普诺夫的反步运动控制方法实现多 AUVs 的稳定编队[63]。Hosseinzadeh 等通过对每个智能体使用一定的控制策略来预测其邻居节点的轨迹，并通过同步分布式 MPC 保持 AUV 的编队并避免与障碍物碰撞[64]。Suryendu 等学者提出了一种基于梯度下降法的水声通信时延估计方法，基于估计时延设计了带约束的自适应控制器，该方法显著降低了时延对编队的影响[65]。基于一致性理论的编队控制方法相对复杂，因此，一般将 AUV 模型进行反馈线性化。Yan 等在 AUV 动力学中引入了额外的非线性 Lipschitz 函数来表示不确定干扰和时延，提出的一致性协议是基于可变时延函数连续可微的条件，证明了跟随者 AUV 可以收敛到领导者 AUV 的状态；实际测量和通信数据包通过离散采样获得，为此通过离散化过程开发了离散时间控制器，并基于矩阵理论分析了所提出的一致性算法的充分条件[66]。Suryendu 等研究了在时变通信时延下的 AUV 编队控制方法，改进了最优保证成本控制律，以获得与时变时延相对应的最优增益，并将领导者状态的时延加入到增广系统矩阵中[67]。Yan 等认为具有时变特性的通信可以分为有界和无界通信时延条件，为此设计了一种位置/速度双层通信拓扑提高信息交换性能，并通过基于离散动力学模型的协同轨迹跟踪控制器实现编队[68]。Yue 等学者开发了一种有界通信时延的离散时间分布式约束控制器来解决编队轨迹跟踪问题，通过构造 Lyapunov-Krasovskii 函数，得到了稳定编队的条件[69]。Li 等将 AUV 编队控制中的通信时延根据最大时延极限划分为有效和无效通信，同时将无效通信下的编队控制问题转化为交换通信拓扑下的编队控制问题，设计了一种时变时延通信同步策略，将异步状态信息转换为同步状态信息，提出了一种具有变时延的编队协调控制协议[70]。

除水下通信具有的时延特性外，数据丢失也是编队面临的另一个重要挑战。Pablo 等将 AUV 运动学模型线性化，并基于虚拟领导–跟随者模型，设计了前馈控制器减少参考偏航变化引起的干扰，并采用反馈 H_2 / H_∞ 控制器提高在数据包丢失和传输时延下的编队鲁棒性[71]。Bidyadhar 等通过采用分组重传策略，将不连续声学通信问题视为通信时延问题，提出了一种 AUV 的无迹卡尔曼滤波器来补偿时延，提高数据包传输的可靠性[72]。无迹卡尔曼滤波器作为非线性观测器，与扩展卡尔曼和滑模观测器相比，在误差估计方面具有更好的性能。Li 等使用核密度估计方法来估计通信时延，并使用曲线拟合方法来补偿离散和丢失的 AUV 位置信息，并为跟随者设计了一个控制器以提高在约束通信条件下编队控制的稳定性和准确性[73]。

1.2.4　强化学习算法

作为目前在机器学习领域中最热门的技术之一，强化学习[74]（Reinforcement Learning，RL）通过智能体与环境的持续互动来独立学习实现控制决策。强化学习是一种基于马尔可夫决策过程（Markov Decision Process，MDP）的求解框架。与监督学习不同，强化学习不需要准确的数据标签，主要通过驱动智能体观察环境的状态来选择动作策略，并通过奖励信号来评估动作的"好坏"，其最终目标是通过与环境的交互，学习到能够最大化累积奖励的策略。强化学习适用于与环境交互、试错和学习的场景中，如自动驾驶[75,76]、机器人控制[77,78]等。

在 20 世纪 80 年代，强化学习作为一个新兴研究领域出现。Christopher 等研究人员开发了 Q-Learning 算法，这是一种经典的值迭代 RL 算法，采用时间差分方法，将状态与动作构建成一张 Q 表来存储 Q 值，然后通过不断更新 Q 表来指导智能体在环境中的行为[79]。20 世纪 90 年代，研究人员探索将 RL 与函数近似技术相结合，通过将人工神经网络与 RL 结合，可以处理复杂环境下的任务学习，成功引起了人们的关注。20 世纪 90 年代末和 21 世纪初，策略梯度方法（Policy Gradient，PG）直接优化了将状态映射到动作的策略函数 $\pi(s)$，即根据状态直接输出动作[80]。该方法分为随机策略梯度（Stochastic Policy Gradient，SPG）[81]和确定性策略梯度（Deterministic Policy Gradient，DPG）[82]。所谓确定性策略，是指某种状态下得到的动作是确定即唯一的，而随机策略在该状态下得到的动作是随机的，可以按照一定的概率值进行选择。Barto 等首次提出 Actor-Critic 框架，同时学习策略和价值函数，Actor 网络负责根据当前状态选择动作，Critic 网络评估所选动作的价值，Actor 网络利用 Critic 网络的反馈来更新其策略函数并改进其动作选择[83]。与其他强化学习方法相比，Actor-Critic 算法可以实现更好的收敛性和稳定性。

随着深度学习技术的发展，深度学习突出的特征提取能力和函数拟合能力引起了研究者的关注。通过将深度神经网络作为函数逼近器，利用其强大的表征能力，自动提取高级特征，解决了强化学习中困扰已久的动作和状态空间过大的问题，使其能够应用于复杂的高维状态空间和动作空间，给强化学习带来了更多可能[84]。

2013年，研究人员将深度神经网络与 Q-Learning 相结合，提出了深度 Q 网络（Deep Q-Network，DQN），使用神经网络来估计动作的价值函数（Q 值），并引入了经验回放机制来进行训练。同时为了探索和利用的平衡，DQN 使用了 ε-greedy 策略，在一定概率下选择随机动作，提高对未知动作空间的探索。DQN 在游戏中展现出了超人类的水平，展示了深度强化学习（Deep Reinforcement Learning，DRL）的潜力[85]。研究人员在 DQN 的基础上进行了一系列改进和拓展，例如，采用两个 Q 网络用于减少过高估计的 Double DQN[86]，将 Q 值的估计分为状态值函数和优势函数的 Dueling DQN[87]，多种改进方法结合的 Rainbow DQN[88]等。

Actor-Critic 框架在深度学习的加持下获得了新的进展和突破。传统的强化学习方法通常无法直接应用于连续动作空间，而深度确定性策略梯度算法（Deep Deterministic Policy Gradient，DDPG）可解决强化学习中连续动作空间问题。置信域策略优化算法（Trust Region Policy Optimization，TRPO）将策略更新限制在一个"信任区域"内，确保每次更新后的策略不会导致性能下降[89]。近端策略优化（Proximal Policy Optimization，PPO）使用一种基于优势函数的近端策略优化方法，通过约束策略更新的步幅保证训练过程中的稳定性和收敛性。根据最大熵理论，最大熵强化学习（Soft Actor-Critic，SAC）使用一个熵正则化项提高策略探索效率，使用两个值函数网络来估计策略的价值函数，提高策略的探索性能和采样效率[90]。

另一个重要的研究方向是基于模型的 RL[91]，不完全依赖于与真实环境的试错交互，而是在决策之前使用学习模型进行模拟和提前计划，通过学习有关环境的先验知识，智能体可以更有效地进行规划和决策。基于模型的 RL 在样本效率和迁移学习方面展现出了令人瞩目的前景，与无模型方法相比，基于模型的RL可使样本的使用效率更高,但相关RL的研究受模型误差限制,难以保证最优解渐近收敛，且模型还没有标准化。

上述强化学习方法侧重于单智能体场景，而多智能体强化学习（Multi-Agent Reinforcement Learning，MARL）是强化学习在多个智能体之间进行交互与合作的扩展[92]。在机器人领域，多个机器人可以通过合作学习完成复杂的任务，例如，协同搬运物品或者搜索与救援。在交通领域，多车辆系统可以学习协同规划路线以减少交通拥堵。在游戏领域，多智能体模型可以用于训练电脑对抗性游戏的智能对手。

多智能体强化学习也可以分为完全去中心化结构、完全中心化结构和混合方式。完全去中心化结构中，每个智能体将其他智能体视为环境的一部分，通过将多智能体任务化简为单智能体任务，各智能体通过与环境的交互来不断更新和优化自身的策略和价值函数。相应的算法包括独立 Q 学习（Independent Q-Learning，IQL）[93]、独立近端策略优化 IPPO（Independent Proximal Policy Optimization，IPPO）、分布式深度确定性策略梯度算法（Decentralized Deep Deterministic Policy Gradient，DEC-DDPG）和分布式最大熵强化学习（Decentralized Soft Actor-Critic，DEC-SAC）[94]。

相反，在完全中心化结构中，所有智能体被视为一个整体，通过集体学习，集体决策与环境进行交互，以此提高整个系统的性能和适应性。由于这种结构采用的中央控制器可以随时观察和控制每个智能体的状态和动作，做出最优的决策。在该结构中，多个智能体之间的互相合作、协调和信息共享更为简单，但实际的多智能体都需要与中央控制器进行通信，对通信性能要求极高，尤其是在大规模系统中，如果中央控制器崩溃，整个系统也将瘫痪。

为了解决完全中心化结构中联合学习的一些问题，集中式训练分布式执行（Centralized Training and Decentralized Execution，CTDE）结构[95]为后续研究提供了解决思路。在多智能体深度确定性策略梯度算法（Multi-Agent Deep Deterministic Policy Gradient，MADDPG）[96]中，每个智能体都有自己的策略网络和目标网络，它们共享相同的价值网络，这种设计使得每个智能体都可以学习到其他智能体的策略，从而实现协同学习。多智能体反事实策略梯度算法（Counterfactual Multi-Agent policy gradient，COMA）[97]引入了一种新的合作策略，即通过将多个智能体的预测结果进行加权平均生成最终的动作，因此，可以有效地提高多智能体系统的性能。多智能体近端策略优化算法（Multi-Agent Proximal Policy Optimization，MAPPO）[98]结合了 PPO 和 DDPG 的优点，每个智能体都有自己的策略网络和目标网络，它们共享相同的价值网络，这种设计使每个智能体都可以学习到其他智能体的策略，从而实现协同学习。在多智能体软 Q 学习算法（Multi-Agent Soft Q-Learning，MASQL）[99]中，智能体通过中心的评论家网络和动作网络进行控制，同时具备独立的演员 – 评论家网络结构。Q 值混合网络[100]通过将全局价值函数分解为局部价值函数和混合函数实现对多智能体协作的学习，使每个智能体既能够对本地信息进行决策，也能够考虑全局信息。由于智能体之间的互动复杂性以及学习过程的不稳定性，多智能体强化学习仍然是一个活跃的研究领域，需要进一步探索和改进方法。

作为一种自适应和数据驱动的技术，强化学习持续不断地发展引起了研究人员的极大兴趣。Garrera 等采用模仿学习方法完成自主阀门旋转任务，其中 AUV 使用动态基元方法从教练机提供的阀门操作演示中学习[101]。S 等设计了两个线性自抗扰控制器来控制 AUV 在偏航和纵倾平面上的运动，并使用 Q 学习算法来调整线性自抗干扰控制的参数[102]。为了跟踪 AUV 的期望深度，Wu 等在 DDPG 方法的基础上开发了无模型强化学习，采用了优先经验回放提高经验回放缓冲区中轨迹数据的使用效率[103]。这些研究进一步验证了强化学习在 AUV 各种运动控制中的可行性。

强化学习在 AUV 编队控制领域的应用也开始崭露头角。针对水下多干扰环境下多 AUV 的编队问题，Ca 等通过强化学习来设计编队控制器，提出了多变量概率配置方法（Multivariate Probabilistic Collocation Method，MPCM）来处理对水下机器人的干扰[104]。Wang 等提出了一种虚拟分布式编队跟踪控制器，通过强化学习使 AUV 运动中的能量消耗最小，这种方法能够在不确定水动力的欠驱动 AUV 中实现最优控制[105]。为挑战在未知和不确定的环境中实现可靠领导－跟随者编队，Hadi 等提出了一种双时延策略梯度算法（Twin Delayed Deep Deterministic Policy，TD3）的最优自适应分布式控制器，并分别为领导者和跟随者设计了相应的状态空间、奖励函数[106]。为了研究机器鱼在复杂多变的流场中编队问题，Sun 等通过将深度强化学习和模仿学习相结合，提出了一种领导－跟随者结构的编队控制方法，并建立了一个基于计算流体动力学的高保真度环境用于训练编队控制器的样本[107]。虽然强化学习已被证明能够有效解决未知模型下的编队控制问题，但多智能体强化学习在多 AUV 编队控制研究中仍处于起步阶段。受水下感知、通信技术约束，多智能体强化学习在水下编队应用中仍将面临训练、部署等新挑战。

参考文献

［1］张淏酥，王涛，苗建明，等. 水下自主水下航行器的研究现状与展望［J］. 计算机测量与控制，2023，31（2）：1-7.

［2］SAHOO A，DWIVEDY S，ROBI P. Advancements in the field of autonomous underwater vehicle［J］. Ocean Engineering，2019，181（1）：145-160.

［3］KIM K，URA T，NAGAHASHI K，et al. Towards AUV-based iceberg profiling and gouging survey in arctic sea: The first Japanese under-ice AUV deployment in Okhotsk Sea［C］. Underwater Technology Symposium，2013 IEEE International Underwater Technology Symposium. IEEE，2013：1-5.

［4］CAO X，SUN H，JAN G E. Multi-AUV cooperative target search and tracking in unknown underwater environment［J］. Ocean Engineering，2018，150（15）：1-11.

［5］KIMURA R，CHOYEKH M，KATO N，et al. Guidance and control of an autonomous underwater robot for tracking and monitoring spilled plumes of oil and gas from seabed［C］. International offshore and polar engineering conference，2013：366-367.

［6］佚名. 开展考古中国重大研究工程研发水下考古机器人［J］. 传感器世界，2017，23（3）：43.

［7］ALLOTTA B，COSTANZI R，RIDOLFI A，et al. The ARROWS Project：robotic technologies for underwater archaeology［C］. IOP conference series：materials science and engineering，IOP Publishing，2018：1-8.

［8］MORICE C，VERES S，MCPHAIL S，Terrain referencing for autonomous navigation of underwater vehicles［C］. Oceans 2009-Europe，2009：1-7.

［9］THOMPSON D，CARESS D，PAULL C，et al. MBARI mapping AUV operations：In the Gulf of California［C］. OCEANS Conference，2012：1-5.

［10］黄明泉，徐景平，施林炜. ROV 在海洋油气田开发中的应用及展望［J］. 海洋地质前沿，2021，37（2）：8.

［11］MENG X，SUN B，ZHU D. Harbour protection：moving invasion target interception for multi-AUV based on prediction planning interception method［J］. Ocean Engineering，2020，219：1-8.

［12］ZHANG M，CHEN H，CAI W. Hunting Task Allocation for Heterogeneous Multi-AUV Formation Target Hunting in IoUT：A Game Theoretic Approach［J］. IEEE Internet of Things Journal，2024，11（5）：9142-9152.

［13］曲星儒. 面向区域搜索的 AUV 集群协同路径跟踪控制研究［D］. 大连：大连海事大学，2022.

［14］LI J，ZHANG G，JIANG C，et al. A survey of maritime unmanned search system：Theory，applications and future directions［J］. Ocean Engineering，2023，285：1-12.

［15］ BAE I，HONG J. Survey on the developments of unmanned marine vehicles: intelligence and cooperation［J］. Sensors，2023，23（10）: 1-35.

［16］ ALBUS J，BLIDBERG D. A control system architecture for multiple autonomous undersea vehicles（MAUV）［C］//International Symposium on Unmanned Untethered Submersible Technology. IEEE，2003.

［17］ SHERMAN J，DAVIS R，OWENS W，et al. The autonomous underwater glider "Spray"［J］. IEEE Journal of Oceanic Engineering，2001，26（4）: 437-446.

［18］ WEBB D，SIMONETTI P，JONES C. SLOCUM: An underwater glider propelled by environmental energy［J］. IEEE Journal of Oceanic Engineering，2001，26（4）: 447-452.

［19］ BACHMAYER R，LEONARD N E，GRAVER J，et al. Underwater gliders: Recent developments and future applications［C］//Proceedings of the 2004 international symposium on underwater technology（IEEE Cat. No. 04EX869）. Ieee，2004: 195-200.

［20］ FIORELLI E，LEONARD N，BHATTA P，et al. Multi-AUV Control and Adaptive Sampling in Monterey Bay［J］. IEEE Journal of Oceanic Engineering，2006，31（4）: 935-948.

［21］ SCHULZ B，HOBSON B，KEMP M，et al. Field results of multi-AUV missions using ranger micro-AUVs［J］. Oceans，2003，2: 956-961.

［22］ WILLCOX S，GOLDBERG D，VAGANAY J，et al. Multi-vehicle cooperative navigation and autonomy with the bluefin CADRE system［C］. Proceedings of International Federation of Automatic Control Conference，2006: 20-22.

［23］ KALWA J. Final results of the European project GREX: Coordination and control of cooperating marine robots［J］. IFAC Proceedings Volumes，

2010，43（16）：181-186.

[24] SCHMICKL T，THENIUS R，MOSLINGER C，et al. CoCoRo -- The Self-Aware Underwater Swarm ［C］. Fifth IEEE Conference on Self-adaptive & Self-organizing Systems Workshops，2011：120-126.

[25] ABREU P，ANTONELLI G，ARRICHIELLO F，et al. Widely scalable Mobile Underwater Sonar Technology：an overview of the H2020 WiMUST project［J］. Marine Technology Society Journal，2016，50（4）：42-53.

[26] URABE T，URA T，TSUJIMOTO T，et al. Next-generation technology for ocean resources exploration（Zipangu-in-the-Ocean）project in Japan［C］. Oceans，2015：1-5.

[27] XU H X，JIANG C L. Heterogeneous oceanographic exploration system based on USV and AUV：a survey of developments and challenges ［J］. Journal of University of Chinese Academy of Sciences，2021，38（2）：145-159.

[28] JAFFE J，FRANKS P，ROBERTS P，et al. A swarm of autonomous miniature underwater robot drifters for exploring submesoscale ocean dynamics［J］. Nature Communications，2017，8：14189.

[29] 吴校生. 水下微小无人机集群发展综述［J］. 数字海洋与水下攻防，2020，3（3）：192-197.

[30] BERLINGER F，GAUCI M，NAGPAL R. Implicit coordination for 3D underwater collective behaviors in a fish-inspired robot swarm［J］. Science Robotics，2021，6（50）：1-14.

[31] 邱志明，马焱，孟祥尧，等. 水下无人装备前沿发展趋势与关键技术分析［J］. 水下无人系统学报，2023，31（1）：1-9.

[32] 梁建宏，王田苗，魏洪兴等. 水下仿生机器鱼的研究进展 IV——多仿生

机器鱼协调控制研究［J］.机器人，2002（5）：413-417.

［33］由光鑫.多水下机器人分布式智能控制技术研究［D］.哈尔滨：哈尔滨工程大学，2006.

［34］何斌.多 AUV 编队控制与协同搜索技术研究［D］.哈尔滨：哈尔滨工程大学，2017.

［35］SHU Y，CHEN J，LI S，et al. Field-observation for an anticyclonic mesoscale eddy consisted of twelve gliders and sixty-two expendable probes in the northern South China Sea during summer 2017［J］. China Earth，2018，62：451-458.

［36］中科院沈阳自动化所海洋机器人前沿技术中心."海翼"水下滑翔机首次完成印度洋集群观测应用［J］.海洋测绘，2020，40（3）：54.

［37］LI S，WANG S，ZHANG F，et al. Constructing the three-dimensional structure of an anticyclonic eddy in the south china sea using multiple underwater gliders［J］. Journal of Atmospheric and Oceanic Technology，2019，36（12）：1-54.

［38］杨绍琼，李元昊，孙通帅，等."海燕"号谱系化水下滑翔机技术发展与应用［J］.水下无人系统学报，2023，31（1）：68-85.

［39］王琳，曾俊宝，李树江，等.多 AUV 温跃层观测方法研究［J］.海洋技术学报，2021，40（5）：11-18.

［40］李一平.50 公斤级便携式自主观测系统（AUV）［R］.沈阳：中国科学院沈阳自动化研究所，2015.

［41］宋保维，潘光，张立川，等.自主水下航行器发展趋势及关键技术［J］.中国舰船研究，2022，17（5）：27-44.

［42］DAS B，SUBUDHI B，PATI B. Cooperative formation control of autonomous underwater vehicles：an overview［J］. International Journal of Automation and computing，2016，13：199-225.

[43] OH K，PARK M，AHN H. A survey of multi-agent formation control [J]. Automatica，2015，53：424-440.

[44] WENYU C，ZIQIANG L，MEIYAN Z，et al. Cooperative artificial intelligence for underwater robotic swarm [J]. Robotics and Autonomous Systems，2023，164：1-22.

[45] SARHADI P，NOEI A，KHOSRAVI A. Model reference adaptive PID control with anti-windup compensator for an autonomous underwater vehicle [J]. Robotics and Autonomous Systems，2016，83：87-93.

[46] BINGUL Z，GUL K. Intelligent-PID with PD feedforward trajectory tracking control of an autonomous underwater vehicle [J]. Machines，2023，11：300.

[47] FERNÁNDEZ D，GEOFFREY A. Model predictive control for underwater robots in ocean waves [J]. IEEE Robotics and Automation letters，2017，2（1）：88-95.

[48] ZHANG Y，LIU X，LUO M，et al. MPC-based 3-D trajectory tracking for an autonomous underwater vehicle with constraints in complex ocean environments [J]. Ocean Engineering，2019，189：106309.

[49] WANG Y，WANG Z，CHEN M，et al. Predefined-time sliding mode formation control for multiple autonomous underwater vehicles with uncertainties [J]. Chaos Solitons and Fractals，2021，144（4）：1-13.

[50] HOU Y，WANG H，WEI Y，et al. Robust adaptive finite-time tracking control for Intervention-AUV with input saturation and output constraints using high-order control barrier function [J]. Ocean Engineering，2023，268：1-14.

[51] AN S，WANG X，WANG L，et al. Observer based fixed-time integral sliding mode tracking control for underactuated AUVs via an event-triggered mechanism [J]. Ocean Engineering，2023，284：1-14.

［52］ LIU S，LIU Y，WANG N. Nonlinear disturbance observer-based backstepping finite-time sliding mode tracking control of underwater vehicles with system uncertainties and external disturbances［J］. Nonlinear Dynamics，2017，88（1）：465-476.

［53］ DU P，YANG W，WANG Y，et al. A novel adaptive backstepping sliding mode control for a lightweight autonomous underwater vehicle with input saturation［J］. Ocean Engineering，2022，263（1）：1-12.

［54］ KHAN M，DAS B，PATI B. Channel estimation strategies for underwater acoustic（UWA）communication：An overview［J］. Journal of the Franklin Institute，2020，357（11）：7229-7265.

［55］ ZHRANI S，BEDAIWI N，RAMLEY I，et al. Underwater Optical Communications：A Brief Overview and Recent Developments［J］. Engineered Science，2021，16：146-186.

［56］ ALI M，MOHIDEEN S，VEDACHALAM N. Current status of underwater wireless communication techniques：A Review［C］. 2022 Second International Conference on Advances in Electrical，Computing，Communication and Sustainable Technologies，2022：1-9.

［57］ GULBAHAR B，AKAN O. A communication theoretical modeling and analysis of underwater magneto-inductive wireless channels［J］. IEEE Transactions on Wireless Communications，2012，11（9）：3326-3334.

［58］ GUO H，SUN Z，WANG P. Multiple frequency band channel modeling and analysis for magnetic induction communication in practical underwater environments［J］. IEEE Transactions on Vehicular Technology，2017，66（8）：6619-6632.

［59］ CUI R X，YAN W S，XU D M. Synchronization of multiple autonomous underwater vehicles without velocity measurements［J］. Science China

Information Sciences，2012，55（7）：1693-1703.

［60］ GAO Z，GUO G. Fixed-time leader-follower formation control of autonomous underwater vehicles with event-triggered intermittent communications［J］. IEEE Access，2018，6：27902-27911.

［61］ LI J，ZHANG Y，LI W. Formation control of a multi-autonomous underwater vehicle event-triggered mechanism based on the hungarian algorithm［J］. Machines，2021，9（12）：346，1-27.

［62］ DAI S，WU Z，ZHANG P，et al. Distributed formation control for a multi-robotic fish system with model-based event-triggered communication mechanism［J］. IEEE Transactions on Industrial Electronics，2023，70（11）：11433-11442.

［63］ ROUT R，SUBUDHI B. A backstepping approach for the formation control of multiple autonomous underwater vehicles using a leader-follower strategy［J］. Journal of Marine Engineering and Technology，2016，15（1）：38-46.

［64］ HOSSEINZADEH Y，MAHBOOBI E. Distributed predictive formation control of networked mobile robots subject to communication delay［J］. Robotics and Autonomous Systems，2017，91：194-207.

［65］ SURYENDU C，SUBUDHI B. Formation control of multiple autonomous underwater vehicles under communication delays［J］. IEEE Transactions on Circuits and Systems II：Express Briefs，2020，67（12）：3182-3186.

［66］ YAN Z，YANG Z，YUE L，et al. Discrete-time coordinated control of leader-following multiple AUVs under switching topologies and communication delays［J］. Ocean Engineering，2019，172：361-372.

［67］ SURYENDU C，SUBUDHI B. A new optimal controller for formation control of autonomous underwater vehicles under communication constraints ［C］. 2021 International Symposium of Asian Control Association on Intelligent Robotics and Industrial Automation，2021：1-6.

［68］ YAN Z，ZHANG C，TIAN W，et al. Formation trajectory tracking control of discrete-time multi-AUV in a weak communication environment ［J］. Ocean Engineering，2022，245：1-14.

［69］ YUE L，YAN Z，ZHOU J，et al. Formation trajectory tracking of discrete-time distributed multi-AUVs with nonconvex control inputs and weak communication ［J］. Journal of Marine Science and Engineering，2023，11（7）：1362，1-23.

［70］ LI J，TIAN Z，ZHANG H. Discrete-time AUV formation control with leader-following consensus under time-varying delays ［J］. Ocean Engineering，2023，286：1-16.

［71］ MILLÁN P，ORIHUELA L，JURADO I，et al. Formation control of autonomous underwater vehicles subject to communication delays ［J］. IEEE Transactions on Control Systems Technology，2014，22（2）：770-777.

［72］ BIDYADHAR D，SUBUDHI S，BIBHUTI B. Employing nonlinear observer for formation control of AUVs under communication constraints ［J］. International Journal of Intelligent Unmanned Systems，2015，3（2/3）：122-155.

［73］ LI L，LI Y，ZHANG Y，et al. Formation control of multiple autonomous underwater vehicles under communication delay，packet discreteness and dropout ［J］. Journal of Marine Science and Engineering，2022，10（7）：1-21.

［74］ SUTTON R，BARTO A. Introduction to reinforcement learning ［M］. Cambridge：MIT Press，1998.

［75］ CHEN J，YUAN B，TOMIZUKA M. Model-free deep reinforcement learning for urban autonomous driving [C]. 2019 IEEE intelligent transportation systems conference，2019：2765-2771.

[76] KIRAN B，SOBH I，TALPAERT V，et al. Deep reinforcement learning for autonomous driving：a survey [J]. IEEE Transactions on Intelligent Transportation Systems，2021，23（6）：4909-4926.

[77] ZHANG T，MO H. Reinforcement learning for robot research：A comprehensive review and open issues [J]. International Journal of Advanced Robotic Systems，2021，18（3）：1-22.

[78] SINGH B，KUMAR R，SINGH V. Reinforcement learning in robotic applications：a comprehensive survey [J]. Artificial Intelligence Review，2022：1-46.

[79] WATKINS C. Learning from delayed rewards [D]. Cambridge：King's College，1989.

[80] SUTTON R，MCALLESTER D，SINGH S，et al. Policy gradient methods for reinforcement learning with function approximation [C]. MIT Press，1999：1-7.

[81] WILLIAMS R. Simple statistical gradient-following algorithms for connectionist reinforcement learning [J]. Machine Learning，1992，8（3-4）：229-256.

[82] SILVER D，LEVER G，HEESS N，et al. Deterministic policy gradient algorithms [C]. Proceedings of the 31st International Conference on Machine Learning，Beijing，China，2014：387-395.

[83] BARTO A，SUTTON R，ANDERSON C. Neuron like elements that can solve difficult learning control problems[J]. IEEE Transactions on Systems Man and Cybernetics，1983，13（5）：834-846.

[84] LECUN Y，BENGIO Y，HINTON G. Deep learning [J]. Nature，2015，

521：436-444.

［85］ MNIH V，KAVUKCUOGLU K，SILVER D，et al. Human-level control through deep reinforcement learning ［J］. Nature，2015，518（7540）：529-533.

［86］ HASSELT H，GUEZ A，SILVER D. Deep reinforcement learning with double Q-learning ［J］. Proceedings of the AAAI conference on artificial intelligence，2015，30（1）：1-7.

［87］ WANG Z，SCHAUL T，HESSEL M. Dueling network architectures for deep reinforcement learning ［C］. International conference on machine learning，2016：1995-2003.

［88］ HESSEL M，MODAYIL J，VAN HASSELT H，et al. Rainbow：combining improvements in deep reinforcement learning ［C］. Proceedings of the AAAI conference on artificial intelligence，2017：1-8.

［89］ SCHULMAN J，LEVINE S，ABBEEL P，et al. Trust region policy optimization ［C］. International conference on machine learning. PMLR，2015：1889-1897.

［90］ HAARNOJA T，ZHOU A，ABBEEL P，et al. Soft Actor-Critic：off-policy maximum entropy deep reinforcement learning with a stochastic Actor［C］. International conference on machine learning，2018：1861-1870.

［91］ POLYDOROS A，NALPANTIDIS L. Survey of model-based reinforcement learning：applications on robotics ［J］. Journal of Intelligent and Robotic Systems：Theory and Application，2017，86（2）：153-173.

［92］ HERNANDEZ P，KARTAL B，TAYLOR M. A survey and critique of multiagent deep reinforcement learning ［J］. Autonomous Agents and Multi-Agent Systems，2018，33（6）：750-797.

［93］ TAN M. Multi-Agent reinforcement learning：Independent vs. cooperative agents［C］. Machine Learning Proceedings，1993：330-337.

［94］王尔申，刘帆，宏晨，等. 基于 MASAC 的无人机集群对抗博弈方法[J]. 中国科学：信息科学，2022，52（12）：2254-2269.

［95］TOVAR R. Centralized training in a decentralized organization［J］. Training and Development Journal，1989，43（2）：62-62.

［96］LOWE R，WU Y，TAMAR A，et al. Multi-agent actor-critic for mixed cooperative-competitive environments［C］. Advances in neural information processing systems，2017：1-12.

［97］FOERSTER J，FARQUHAR G，AFOURAS T，et al. Counterfactual multi-agent policy gradients［C］. Proceedings of the Thirty-Second AAAI Conference on Artifficial Intelligence，2018：1-9.

［98］YU C，VELU A，VINITSKY E，et al. The surprising effectiveness of MAPPO in cooperative multi-agent games［J］. Advances in Neural Information Processing Systems，2022，35：24611-24624.

［99］WEI E，WICKE D，FREELAN D，et al. Multiagent soft Q-learning［C］. Proceedings of the AAAI Conference on Artifficial Intelligence，2018：2090-2097.

［100］RASHID T，SAMVELYAN M，DE W，et al. QMIX：monotonic value function factorisation for deep multi-agent reinforcement learning［J］. The Journal of Machine Learning Research，2018，21（1）：7234-7284.

［101］CARRERA A，PALOMERAS N，HURTOS N，et al. Learning by demonstration applied to underwater intervention［C］. International Conference of the Catalan Association for Artificial Intelligence. 2014：95-104.

［102］WANPING S，ZENGQIANG C，MINGWEI S，et al. Reinforcement learning based parameter optimization of active disturbance rejection control for autonomous underwater vehicle [J]. Journal of Systems Engineering and Electronics, 2022, 33 (1): 170-179.

[103] WU H, SONG S, YOU K, et al. Depth control of model-free AUVs via reinforcement learning [J]. IEEE Transactions on Systems, Man, and Cybernetics: Systems, 2018, 49 (12): 2499-2510.

[104] CAO W, YAN J, YANG X, et al. Reinforcement learning-based formation control of autonomous underwater vehicles with model interferences [C]. 40th Chinese Control Conference, 2021: 4020-4025.

[105] WANG Z, ZHANG L. Distributed optimal formation tracking control based on reinforcement learning for underactuated AUVs with asymmetric constraints [J]. Ocean Engineering, 2023, 280: 1-12.

[106] HADI B, KHOSRAVI A, SARHADI P. Adaptive formation motion planning and control of autonomous underwater vehicles using deep reinforcement learning [J]. IEEE Journal of Oceanic Engineering, 2024, 49 (1): 311-328.

[107] SUN Y, YAN C, XIANG X, et al. Towards end-to-end formation control for robotic fish via deep reinforcement learning with non-expert imitation [J]. Ocean Engineering, 2023, 271: 1-11.

第2章 自主水下航行器编队控制概述

2.1 概 述

在自主水下航行器集群运动控制中，单台自主水下航行器的相对位置、速度和方向都会对集群产生影响。为了更好地实现多机集群协同，亟需研究一种可协调多 AUV 航行队形的编队控制技术。编队控制的目标是引导 AUV 集群维持特定的群体模式，沿着预设路径完成对多台自主水下航行器的协同运动控制，最终实现多台自主水下航行器的高效编队控制。

编队控制问题主要可分为三个过程，如图 2-1 所示，一是队形形成过程，要求集群系统中各 AUV 在误差允许范围内，从初始状态变换到预定队形或预设路径；二是队形保持过程，完成队形后，整体系统应以稳定队形结构协同工作，共同完成水下探索任务。三是队形切换过程，系统在以稳定队形执行任务过程中，探索到障碍物或遇到其他需要切换队形的情况时，要求 AUV 能及时改变路径或队形结构，以适应当前环境或完成相应任务。

本章首先总结自主水下航行器编队控制的主流方法，包括基于虚拟结构的编队控制方法、基于领导者-跟随者的编队控制方法，以及基于行为的编队控制方法等。同时，本章进一步分析了自主水下航行器编队控制的支撑技术，包括任务分配、路径规划、多源异构感知和机器人间无线通信等。最后，在上述内容的基础上，介绍了自主水下航行器编队控制的经典应用，如水下探测、环航控制、协同围捕等。

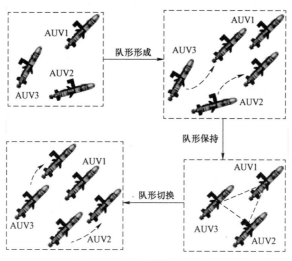

图 2-1　编队控制问题示意图

2.2　编队控制

自主水下航行器编队控制的主流方法可以分为六类，包括基于虚拟结构的编队控制方法、基于领导者－跟随者的编队控制方法、基于行为的编队控制方法、基于图论的编队控制方法、基于神经网络的编队控制方法和基于强化学习的编队控制方法等，如图 2-2 所示。

图 2-2　自主水下航行器编队控制的主流方法

2.2.1 基于虚拟结构的编队控制方法

以 AUV 集群为例，在基于虚拟结构的编队控制方法中，所有 AUV 视为一个完整的刚体结构[1]，每个 AUV 都为该结构中的固定点，如图 2-3 所示。AUV 编队作为整体进行运动，应避免因关键 AUV 异常导致整体集群无法正常编队。虚拟结构编队模型可以确保整个结构在运动过程中保持高编队精度，鲁棒性强，但刚体形成后难以应对动态环境干扰，同时不容易进行编队拓展。Egerstedt 等提出了一种将队形约束与期望参考路径相结合的协调策略[2]，当跟踪误差有界时，队形误差可以稳定。Ailon 等提出了一种基于平面刚性和虚拟车辆概念的控制策略，可以在沿时间参数化路径时保持给定队形，允许机动、分裂，并且可以灵活合并[3]。Liu 等将非线性动力学未知的一般构型的编队控制转化为一致性问题，采用分布式 D 型迭代学习方法将一致性问题转化为有限时间区间的稳定性控制问题，并对迭代学习控制（ILC）过程进行收敛性分析[4]。Do 等构建了一种由路径跟踪方法和改进的虚拟结构方法组成的编队框架，设计了一个全局输出反馈控制器，使得路径参数的导数

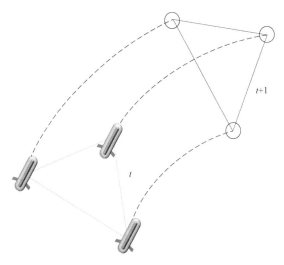

图 2-3　基于虚拟结构方法的编队控制方法[1]

作为额外的控制输入来同步编队运动[5]。Dong 等提出了一种基于虚拟结构和共识机制的智能体编队控制策略，利用虚拟结构方法和坐标变换，将多智能体的编队控制问题转化为目标跟踪和状态一致性问题，采用非完整目标跟踪技术和领导者−跟随者协商协议设计控制器[6]。

2.2.2　基于领导者−跟随者的编队控制方法

以 AUV 集群为例，在领导−跟随者编队模型中，AUV 包括领导者 AUV 和跟随者 AUV。领导者 AUV 根据任务要求自行运动，跟随者 AUV 依赖通信或自身感知能力时刻与领导者同步运动。此外，跟随者与领导者保持相对固定的位置关系。基于领导者−跟随者的编队控制方法如图 2-4 所示[7]，跟随者 AUV 始终与领导者 AUV 保持一个固定的角度和距离。这种方法编队数量拓展也更为容易，新增加的智能体只需与领导者保持相应关系即可。领导−跟随者模型需要跟随者能够实时获取领导者状态，由于 AUV 在水下环境中通信与环境感知能力大幅下降，导致跟随者难以实时跟踪领导者。同时，领导者作为集群的决策者起到关键作用，领导者稳定可靠的运行需要得到保障，否则将导致整个 AUV 集群无法正常工作。针对移动机器人的领导−跟随者群体控制问题，Cui 等研究了水下弱通信和未知干扰下由 Lyapunov 和反演合成导出的编队控制方法[8]。Millán 等采用反馈 H_2/H_∞ 控制器与前馈控制器相结合的方法来处理延迟和丢包问题，保证良好的群体控制性能[9]。Wang 等采用三种仿生神经动力学分流模型，设计了一种用于估计速度的高增益观测器，解决了传统的动力学差分爆炸问题[10]。Xu 等采用回溯控制方法，开发了一种轨迹跟踪控制器，使得领队机器人能够快速跟踪所需的队形轨迹，采用非线性模型预测控制（NMPC）技术，将跟随机器人的编队动力学问题转化为具有速度约束的二次规划（QP）优化问题[11]。Cao 等针对具有通信约束的多智能体系统的编队控制问题，提出了一种适用于领导者−跟随者结构的比例积分预测控制策略，该策略利用预测实现了对通信约束的主动补偿，通过优化网络中领导者和跟随者之间协调控制的代价函数获得智能体的控制输入[12]。

Gu 等针对智能体编队控制问题，采用滑模控制方法设置了群体控制器，使智能体保持领导者–跟随者结构[13]。Huang 等研究了未知动力和海洋扰动下欠驱动无人水面航行器的编队控制问题，提出了一种改进的定时速度控制器，借鉴反步控制和非奇异滑模控制方法简化了控制结构，便于在实际工程中应用[14]。

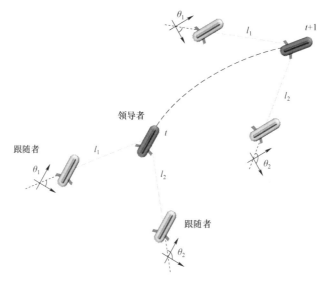

图 2-4　基于领导者–跟随者的编队控制方法[7]

2.2.3　基于行为的编队控制方法

以 AUV 集群为例，基于行为的编队控制方法对每台 AUV 设置向目标移动、编队保持、避障等行为[15]，如图 2-5 所示。根据 AUV 的当前状态，控制器对所有的行为进行加权处理，获得 AUV 的控制动作。基于行为的方法易于实现分布式控制，具有良好的鲁棒性和显式反馈。然而，各 AUV 行为融合复杂并且群体行为定义困难，这些都不利于系统的稳定性分析。Lawton 等在基于行为的方法中引入耦合动力学方法，通过三个轮式机器人验证从模式切换时的队形保持情况[16]。Emile 等针对多无人机的编队控制，提出了一种基于行为的编队飞行离散控制方法，通过对分离调整、轨迹跟踪和避障三个行为的加权输出求和，将控制命令发送给每个四旋翼飞行器的电机来实现编队控制[17]。Chen 等设计了一种基于行为策略的改进算法，通过引入空间协同思想，为地面用户提供四种无人机编队和相应位置标准的中继通信服务，完成对无人机编队控制算法的现场协同理论研究[18]。Cao 等针对在复杂海洋环境下作业的 USV 路径规划问题，提出了一种基于行为树编队控制策略和快速行军法的多 AUV 编队路径规划方法，采用基于 FMM 速度势场的自适应队形库和行为树队形避障策略，解决了 USV 队形在狭窄复杂水域的路径规划问题[19]。Quang 等提出了一种基于 V 型编队的多无人机覆盖策略，该策略以最大扫描覆盖率和最小飞行时间为优化目标[20]。Lee 等提出了一种控制方法，结合了基于行为的方法以及领导者–跟随者方法，使用相邻机器人与障碍物之间的相对位置信息[21]。

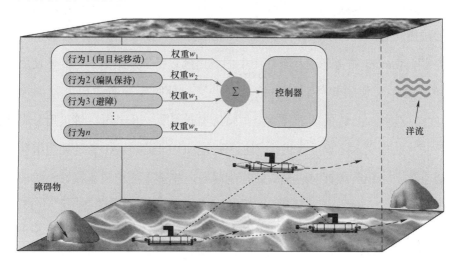

图 2-5　基于行为的编队控制方法[15]

2.2.4　基于图论的编队控制方法

AUV 集群间的通信是影响编队系统的因素之一，尤其是水下通信环境。为此，研究者引入了代数图论知识来描述多智能体复杂通信拓扑模型。在图 2-6 中，每个智能体为图中的一个节点，连接节点的边为通信拓扑结构，根据智能体之间的通信方向将节点之间的关系描述为有向图和无向图。该模型能够描述复杂的编队结构，但在实际中应用的复杂度较高。为了研究编队中的一致性问题，基于图论的方法被广泛用于设计分布式编队控制律[22,23]。Wen 等设计了一个用于水下滑翔机姿态协调的三阶一致性协议，每台水下滑翔机跟随者根据控制框架下的编队成员信息来协调他们自身姿态，仿真验证了四种不同通信拓扑结构下的编队控制性能[24]。Hu 等使用图论方法研究了在固定或切换通信拓扑下多 AUV 编队控制问题，提出了一个脉冲网络化方案，通过脉冲时间序列的方式实现多 AUV 之间的信息交互，使多 AUV 编队可以在固定拓扑和切换拓扑下渐近稳定[25]。赖云晖等提出一种基于图论的三角型结构控制方法，根据团队中个体之间的距离来设计反馈控制率，针对领导者和跟随者设计不同的控制方案[26]。Chen 等为了解决欠驱动的水面无人艇的碰撞问题，提出了一种基于有向图论的方法，缩小编队成员之间的距离误差[27]。Yamchi 等考虑到水下环境中的通信延迟特性，让每个智能体使用假设控制策略来预测其邻居的轨迹，提出了一种同步分布式模型预测控制（MPC），保持 AUV 的队形并避免与障碍物碰撞[28]。Karkoub 等采用分布式牛顿法对队形成本函数进行优化，使得单个 AUV 与邻居 AUV 的期望编队误差最小化[29]。Lin 等针对时变编队控制问题，将基于图论和鲁棒性补偿理论

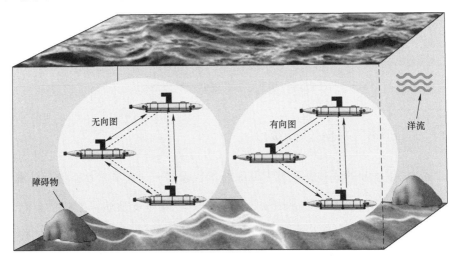

图 2-6　基于图论的编队控制方法

的分布式群体控制协议应用于具有非线性动力学的多 AUV 系统中[30]。
Xiao 等提出一种持久编队算法，采用神经–动态组合模型预测控制方法，驱
动群队沿设计轨迹运动，自动组织群网络并构造最优的持久编队。

2.2.5 基于神经网络的编队控制方法

编队控制的核心问题仍然是轨迹跟踪问题，水下轨迹跟踪控制中最困难
的部分是各种因素的干扰和模型的不确定性。除了传统的控制方法外，神经
网络和模糊系统是最常用于估计不确定函数的智能方法。由于神经网络具有
普遍的逼近能力，因此被广泛应用于编队控制，进而实现不确定因素估
计[32-34]，如图 2-7 所示。由于残差神经网络的逼近误差难以补偿，因此基于
神经网络的控制方案只能保证被控系统的半全局一致最终有界性。为了提高
动态和稳定的学习性能，采用了许多方法来设计控制器，如复合学习技术[35]、
有限时间技术[36,37]和回波网络[38]。Sun 及 Wang 等采用滑模控制（Sliding Mode
Control，SMC）来消除神经网络误差的影响[39,40]。He 等采用模糊建模和数学
模型相结合的方法，相比采用数学模型的模糊控制方法，采用模糊模型的模
糊控制具有更好的动态性能[41]。He 等研究了一种基于阻抗学习的不确定性约
束机器人自适应模糊神经网络控制方法[42]。Wang 等研究了滤波反演方法，
将反演技术与模糊系统或神经网络结合使用，不仅大大降低了计算复杂度，
而且有效滤除了轨迹跟踪过程中的高频测量噪声[43]。Wang 等提出了用于 X
形方向舵 AUV 的鲁棒轨迹跟踪控制和方向舵分配方法，其中积分滑模和径
向基函数神经网络用于减小跟踪误差和补偿未知扰动，递推最小二乘法解决
有效性控制矩阵不确定性下的方向舵分配问题[44]。针对异构多智能体系统的
分布式有限时间跟踪问题，可以使用自适应律补偿神经网络的扰动观测器近
似误差[45]，预测领导者的位置，通过自适应动态滑模的控制器确保领导者和
跟随器之间的跟踪误差能够在有限时间内收敛。Wang 等采用了模糊逻辑系统
用于 AUV 纵向动力学的目标鲁棒自适应跟踪控制，通过模糊逻辑系统来处

理动力学中的不确定性，引入鲁棒自适应设计未知的控制增益函数，实现了较高的跟踪和自适应性能[46]。在模糊系统和神经网络中，有许多参数需要调整，参数的数量随着近似函数自变量向量的维数而快速增长，因此，高阶系统的学习往往需要更长的时间。为了解决这个问题，研究者们采用了一种较少在线更新参数的最小学习参数算法[47]，以减少计算负担。

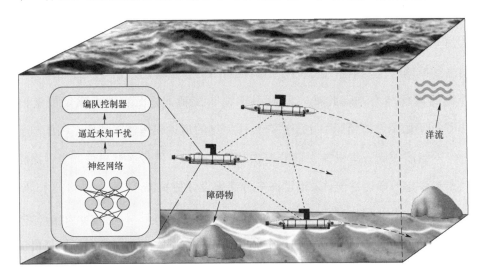

图 2-7　基于神经网络的编队控制方法

2.2.6　基于强化学习的编队控制方法

强化学习（Reinforcement Learning，RL）是一种基于动态规划的马尔可夫决策过程求解框架，是目前最热门的技术之一。与监督式学习不同，强化学习不需要精确的数据标签。如图 2-8 所示，基于强化学习的编队控制方法通过与环境的持续交互引导 AUV 独立学习控制策略。强化学习在自主水下航行器集群中的应用处于早期阶段，还有很多问题值得研究。Lou 等提出了多智能体同步行为评价算法，将最优编队控制问题转化为求解一组耦合Hamilton- Jacobi-Bellman 方程的最优解，利用基于 Actor-Critic 算法的多智能体强化学习算法逼近这类解[48]，Wang 等也进行了类似的研究[49]。基于

Actor-Critic 算法的 RL 常用于补偿未知动态，其中引入 Critic 神经网络评估控制策略在当前时间步长的长期性能，并使用 Actor 神经网络生成补偿行为。Wu 等在轨迹跟踪中使用了 Actor-Critic 算法[50]，算法从 AUV 的采样轨迹中学习并获得状态反馈控制器，也适用于水平面内的轨迹跟踪[51]。高精度定位是实现编队控制的重要前提，虽然全球定位系统（GPS）广泛应用于获取智能体的位置，但是 GPS 覆盖范围不全面，如 GPS 干扰区、郊区、城市峡谷、山区、水下等环境中智能体难以获得高精度的定位数据，这可能会导致智能体丢失跟踪目标或者与其他智能体相撞。为了解决 GPS 拒绝环境下的编队困难问题，Bodi 等首先提出一种基于激光雷达的编队定位算法，然后提出了一种基于强化学习的无人机编队控制算法，可以选择最佳策略控制无人机保持特定队形飞行[52]。Zhao 等构建了一种基于深度强化学习的 USV 编队控制模型，设计了一种针对速度和误差距离的角度的奖励函数，并制定了一种新的随机制动机制，可以防止陷入局部最优解[53]。Gu 等开发了一种基于虚拟领导者的路径跟踪指导系统用于 USV 编队控制[54]。为了使多 AUV 能够在保持时变编队的同时跟踪所需的轨迹，Wang 等研究了基于反步法和强化学习的分布式最优时变编队跟踪控制问题，利用领导者和跟随者之间的博弈来提高系统对时变干扰的稳定性，通过 Single Critic NeAUVal Network（SCNN）在线执行强化学习得到应用于跟踪博弈的鞍点平衡点的近似最优解[56]。

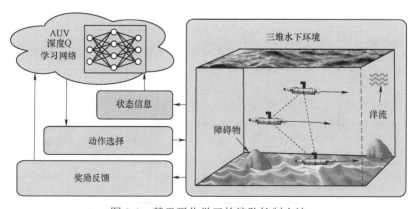

图 2-8　基于强化学习的编队控制方法

2.2.7 小结

利用虚拟结构方法进行编队控制时，AUV 的协调行为更加容易描述，同时刚性结构具有良好的保持队形的性能，缺点是虚拟结构方法的适应性和灵活性比较差。领导者－跟随者方法不够稳定，跟随者之间一般不存在相互交流，如果领导者失效，整个 AUV 编队就会失效。基于行为方法的 AUV 编队几乎不需要交换信息，但是基本行为设计和局部控制规划困难，不能保证编队控制的良好稳定性。基于图论的方法可以为编队控制提供充分的理论支持，缺点是设计和求解相对其他方法更加复杂。基于神经网络的方法利用神经网络和模糊系统估计编队控制的不确定因素，具有较强的鲁棒性，缺点是高阶神经网络和模糊系统参数数量多，计算成本大。基于强化学习的方法通过与环境的持续交互引导 AUV 学习控制策略，智能化程度高，缺点是训练过程相对漫长，时间成本高。不同编队控制方法的比较结果如表 2-1 所示。

表 2-1 不同编队控制方法之间的比较

方法	控制特点	优势	不足	改进
基于虚拟结构的编队控制方法	编队视为一个完整的刚体结构	鲁棒性较好；计算成本较低	避障能力较差	设置容错控制
基于领导者－跟随者的编队控制方法	建立领导者与跟随者的编队结构	易于实现和扩展	鲁棒性较差	建立虚拟领导者－跟随者编队
基于行为的编队控制方法	将所有的行为进行加权处理	灵活性较高	难以预测编队行为	结合优化算法
基于图论的编队控制方法	结合集群通信拓扑设计控制律	灵活性较高；易于扩展	环境适应性差	结合现实环境的不确定性因素
基于神经网络的编队控制方法	利用神经网络和模糊系统	鲁棒性较强	更多计算成本	混合控制方法
基于强化学习的编队控制方法	通过环境交互方式学习控制策略	灵活性高；智能化程度高	训练时间长；样本效率低	提高样本的利用效率

2.3 支撑技术

自主水下航行器编队控制的支撑技术包括任务分配、路径规划算法、多源异构感知、协同定位、信息融合与决策等关键技术。

2.3.1 任务分配

任务分配是指对复杂任务进行子任务划分,结合机器人自身的性能状态,按照目标最大化或最小化的要求,将子任务与具体的机器人进行匹配,合理地将任务分配给每台机器人。自主水下航行器的任务分配方法主要分为三类,基于市场的任务分配方法、基于聚类的任务分配方法,以及基于启发式的任务分配方法,如图 2-9 所示。

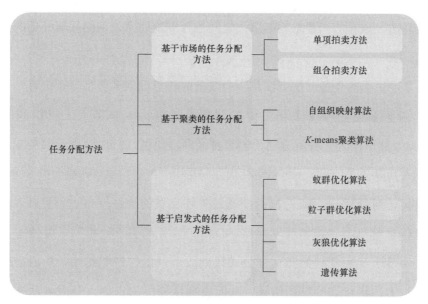

图 2-9 任务分配方法分类

基于市场的任务分配是一种应用较为广泛的方法,主要思路如下:市场上有拍卖商和竞标者两种角色,拍卖商将任务信息发布给所有机器人投标,每一个能够执行任务的投标机器人都会根据自己的属性进行报价，拍卖师根据竞标者的报价，选择最合适的竞标者作为任务执行者。基于市场的任务分配根据每次拍卖的物品数量分为单项拍卖和组合拍卖。在现实中，完成一项任务的时间是有限的，执行任务携带的能源也是有限的。针对这个问题，Luo等设计了一种具有截止日期和预算约束的拍卖算法，算法运行时间短并且性能有保证[56]。针对水下环境的干扰因素导致任务分配效率低下的问题，Sariel等学者提出了一种分布式、高效的多机器人协作框架[57]，具有集成的任务调度和执行能力，可以在通信延迟或故障、机器人故障的情况下重新分配任务。针对水下环境弱通信问题，Otte 等比较了低通信质量条件下的顺序拍卖、并行拍卖、组合拍卖、G-Prim 和重复并行拍卖的两种多轮变量等六种拍卖算法，研究表明，拍卖算法的性能随通信频谱的不同而变化，Gprim 在较差的通信条件下具有更好的性能[58]。Ferri 等提出了水下监视任务分配的周期性拍卖分布式算法，该算法只要求相邻节点之间进行局部通信，从而保证任务的执行效率[59]。

基于聚类的任务分配方法将一个复杂的任务根据其属性（如位置）分成几个任务聚类，将每个任务聚类分配给最合适的机器人。自组织映射（SOM）算法作为一种常见的无监督神经网络模型，被广泛用于聚类方法，被引入到多 AUV 任务分配和路径规划问题中[60]。每个 AUV 都会被 SOM 分配最优访问目标，SOM 的权函数通过生物启发的神经网络进行更新，利用环境信息避免障碍物和速度跳跃。Dutta 等引入了一种相关聚类技术，首先使用基于线性规划的图划分公式找到成本最低的聚类结构，然后采用区域增长方法优化聚类结构结果，从而将高度相关的机器人分配到适当的聚类中[61]。在实际应用中针对单目标的优化往往不能令人满意，因此，许多研究者研究了多目标任务分配问题，如多旅行商问题（mTSP）。Li 等学者将多机器人任务分配问题视为一个多旅行商问题，采用 K-means 聚类算法将

mTSP 划分为多个 TSP，通过改进的灰狼优化器求解每个 TSP 的最优遍历路径[62]。

　　基于启发式的任务分配方法是一种受自然系统启发的方法，主要用于 TSP 的任务分配，并且很容易地扩展到求解多目标优化问题，因此，在求解优化问题方面具有广阔的前景。基于启发式的分配方法受生物群体行为的启发，尽可能广泛地搜索当前空间，为每个机器人找到一组任务的最优组合，如蚁群优化（ACO）[63]、粒子群优化（PSO）[64]、灰狼优化（GWO）[65]、人工鱼群算法（AFSA）、细菌觅食优化（BFO）[66]、人工蜂群（ABC）。Chen 等针对最大航行距离和总行驶长度这两个优化目标，提出了一种基于双目标蚁群算法的模拟算法，设计了一种简单的多蚁群算法，结合序列变量邻域下降和局部优化方法来改进候选解[67]。Wei 等学者提出了一种使用粒子群优化方法的多目标优化算法来解决多机器人协作任务分配问题，利用 Pareto 前沿优化策略和基于概率的领导者选择策略，将标准的单目标粒子群扩展到多目标[68]。Zhen 等提出了一种无人机群协同搜索攻击任务规划的智能自组织算法，将全局优化问题分解为若干局部优化问题的分布式控制，能够使用改进的分布式蚁群算法在线选择任务并生成路点[69]。Cai 等利用遗传算法（GA）将多个目标分配给多个 AUV，以节点之间的欧氏距离为代价，将每个 AUV 的巡航序列映射到二维 Dubins 曲线上，并通过对每个目标对的 Z 坐标进行线性插值将二维 Dubins 路径转换为三维曲线[70]。

2.3.2　路径规划

　　路径规划是指自主水下航行器为了到达目标点或完成任务，自主计算、设定方向和路径，寻找一条最优或近似最优的无碰撞路径。现有的路径规划方法主要包括基于图搜索的路径规划方法、基于人工势场的路径规划方法和基于启发式的路径规划方法等，如表 2-2 所示。

表 2-2　路径规划现有研究

方法		基于图搜索的路径规划方法	基于人工势场的路径规划方法	基于启发式的路径规划方法
评价指标	路径类型	全局路径规划	局部路径规划	全局路径规划
	环境	二维	三维	三维
	障碍物	动态	静态	静态
	优势	适用性高；实时性强	易于实现；灵活性强	搜索效率高；灵活性强
	不足	路径连续性差	局部最小问题	优化目标设计

　　基于图搜索的方法利用几何拓扑确定最优路径，A^*算法结合了启发式搜索和基于最短路径的搜索，被定义为最佳优先算法。在 Chen 等的研究中，A^*被用于对无人水面艇进行全局路径搜索，提出了一种动态窗口算法（Dynamic Window Algorithm，DWA）用于躲避动态障碍物并追踪全局路径[71]。针对传统基于网格的 A^*搜索算法未考虑飞行性能约束导致路径不连续的问题，Sun 等采用 Dubins 曲线寻找有效节点，结合 A^*启发式方法生成由 Dubins 曲线组成的无人机避障路径，与 Leader-Follower 控制算法相结合应用于多无人机编队，结果表明，该算法在效率上优于常用的网格地图 A^*算法，能够较好地实现编队飞行中的避障[72]。Wang 等采用 A^*作为全局路径规划算法，利用基于局部 RL 的规划结合周围环境信息来避免冲突，将机器人观察到的局部信息转换成图像，结合引导通道作为强化学习规划的输入，以完全分布式求解方法解决了多机器人的路径规划问题[73]。Wei 等使用 A^*算法进行全局路径规划，设计了应用于大规模复杂海洋环境的局部路径规划，并提出了一种具有在线学习能力的启发式优化算法，以提高实时性和稳定性[74]。

　　基于人工势场的方法是人为定义一个虚拟力场，在这个虚拟力场中，障碍物会对 AUV 产生斥力，目标点会对 AUV 产生引力，在这两个力的共同作用下，AUV 会避开障碍物，从一个高势场位置移动到一个低势场位置，最终到达目标点，如图 2-10 所示。势场函数不容易设计，当引力和斥力相互抵消时，需要考虑局部最小问题[75]。Pan 等考虑人工势函数（APF）的局部最小值，提出了一种有效的基于人工势函数的多无人机系统路径规划方法，通过引入旋转势场有效地摆脱共同局域最小值和振荡，并利用领导者 – 跟随者模型，建立了基于势函数法的编队控制器，以保证跟随者与领导者保持期望的角度和距离，并设计了 Lyapunov 函数来分析闭环系统的稳定性[76]。Xu 等将改进的 RRT 与 APF 相结合，应用于三维环境下的缆索驱动并联机器人上，结果表明，该方法的时间成本降低了 27%，振荡现象减少了 49%[77]。Sun 等提出了一种基于人工势场的密集无人机编队法路径规划算法，通过改进排斥力模型和加入目标交换算法，解决了路径振荡问题和个体陷入局部最优解时无法到达目标的问题，实现了多架无人机、多目标在三维空间的路径规划[78]。Bai 等通过引入纵向随机因子和 B 样条插值，利用纵向随机因子解决了 B 样条插值平滑规划路径时陷入局部极小的问题，改进了人工势场法[79]。

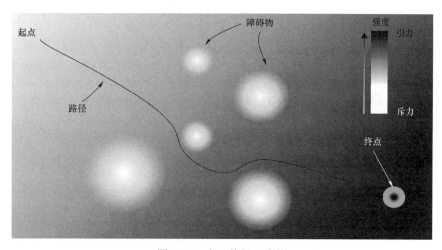

图 2-10　人工势场示意图

针对多机器人编队时容易陷入局部极小问题，可以将 A*算法与人工势场法结合使用。Tong 等提出了一种基于 A*和多目标改进人工势场算法的混合编队路径规划新方法，将 A*算法与改进的人工势场算法相结合，在 A*规划的全局最优路径上划分多个虚拟子目标点，通过切换目标点完成局部路径规划[80]。Bentes 等提出了一种基于人工势场的动态群体形成方法，将人工势场与全局规划算法结合使用，可以在存在障碍物的三维环境中进行导航[81]。

Yao 等学者研究三维空间时间约束下的多 AUV 路径规划，每个 AUV 使用类似于 APF 的干涉流体动力系统规划路径，并将其他 AUV 视为虚拟球体障碍物[82]。

基于启发式的路径规划方法主要依赖于启发式算法来解决路径规划问题，这类算法能够在一定程度上跳出局部最优解，寻找全局最优解，尤其适用于处理大规模或复杂的路径规划问题。基于启发式算法包括粒子群优化、蚁群算法、遗传算法、禁忌搜索（TS）算法等。Gao 等针对雷达威胁环境下无人机编队飞行的三维路径规划问题，提出了一种基于蚁群优化算法的智能路径规划方法，规划指定虚拟领导者的路径，可以在队形约束下进行修改，由修改后的虚拟领导者路径推导出编队路径[83]。Yan 等在路径规划方法中引入粒子群算法，然后在目的地和临时路径点的引导下生成最优路径[84]。Zeng 等提出了一种基于 B 样条的量子粒子群算法，将几种路径优化技术与洋流进行比较和分析，结果表明，所提算法对求解高维路径规划问题具有显著的鲁棒性和高效性[85]。Che 等引入了一种基于 PSO 算法的改进信息素更新规则和启发式函数，用于在三维水下地形空间中寻找 AUV 的最优路径，并采用蚁群算法对粒子群算法中由早熟粒子引起的全局最优解进行求解[86]。

2.3.3 多源异构感知

多源异构感知指的是通过多种来源和不同结构的传感器或数据源进行信息采集和处理的过程。这种感知方式涉及对不同类型的数据进行整合和分析，以获取更全面、准确的信息。感知能力是自主水下航行器的必备能力之一，自主水下航行器通过多传感器异构感知获取环境信息，如图 2-11 所示。自主水下航行器通过内部传感器感知自身状态，通过水下摄像机、扫描声呐、声学探测器、水下激光雷达等感知周围环境，这些内部和外部传感数据是异构数据，通过对这些多源异构感知数据的整合处理，提高信息处理效率和准确性。

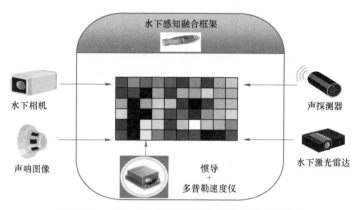

图 2-11　自主水下航行器装备的传感器示意图

由于水下环境的限制，自主水下航行器不同操作状态的测量方式与陆地上略有不同，AUV 速度主要由惯性导航系统（Inertial Navigation System，INS）和多普勒速度仪（Doppler Velocity Log，DVL）测量。机器人的水下定位和导航也是环境传感的重要方面。然而，通过速度估计位置的无边界定位误差会逐渐积累。研究人员已经研究出一种结合多传感器的优势以提高在未知水下环境中定位精度的估计方法，如粒子滤波[87]、扩展卡尔曼滤波[88]和无迹卡尔曼滤波[89]。

除了自主水下航行器的操作状态感知外，外部环境信息感知也至关重要。外部环境信息感知的基本目的是探测和识别目标、远离未知威胁等。水下外部环境感知主要依赖于成像声呐、测距声呐、声学探测器、水下摄像机、水下激光雷达和磁强计。自主水下航行器经常采用异构传感器的多源传感技术来确保环境感知的有效性。Aggarwal 等利用具有触觉传感单元的深海液压抓手来识别物体[90]。Guerneve 等学者利用成像声呐重建三维水下物体[91]。Cai 等研究了一种利用不同角度采集的图像进行目标识别的方法[92]。

AUV 必须具有感知环境的能力，才能在多变和不可预测的环境完成任务。基于多传感器融合的环境感知需要较高的计算能力，因此，难以在自主水下航行器嵌入式系统上运行。然而，自主水下航行器的编队控制可以实现这种可能性。Kim 学者提出了在未知洋流中多个 AUV 的合作定位[93]，只需要领导者配备水下定位装置，跟随 AUV 就会收到估计的定位信息。

2.3.4 协同定位

协同定位指得是多个智能体通过相互通信和合作，共同完成位置估计的任务。传统的水下定位技术如长基线（LBL）、短基线（SBL）、超短基线（USBL）等在 AUV 定位中得到了广泛的应用，但给 AUV 集群的每个 AUV 安装高精度、昂贵的定位设备成果过高。我们通过协作的方式在有限的成本下进一步提高定位精度和容错性，即 AUV 集群中的 AUV 融合了自身定位信息、其他 AUV 共享的位置信息，以及测距获得的相对位置信息，以达到更高的导航定位精度。因此，水下协同定位技术结合了水下定位、信息融合、协同通信和水下测距技术。

水下协同定位系统有两种类型：并行模型和主从模式。并行模型中每个 AUV 具有精度较低的相同定位设备，而主从模式中 AUV 使用不同精度的定位设备，且高精度 AUV 与所有低精度 AUV 共享位置。Liu 等提出了一种并行模型下的协同定位算法，将协同定位问题转化为带约束的线性规划问题，采用凸优化算法以获得满意的结果[94]。由于并行模型无法解决高精度与低成本之间的矛盾[95]，目前针对主从模式的研究更多。协同定位示意图如图 2-12 所示。

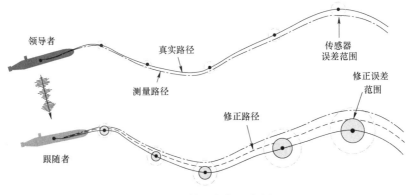

图 2-12　协同定位示意图

为了提高协同定位的精度，Li 等开发了自校准扩展卡尔曼滤波器（SEKF），利用自校准扩展分布来模拟构建重尾测量噪声。仿真和现场试验结果表明，基于 SEKF 的协同导航算法比基于传统 EKF 的协同导航算法具有更高的效率和更强的实用性[96]。Xu 等针对由错误的多普勒测速仪和测量噪声引起的不确定速度，提出了基于期望最大化的高斯近似平滑，通过选择隐参数和未知参数，可以有效地解决各种估计和识别问题[97]。Xu 等学者采用基于卡尔曼滤波的最大熵准则，为训练自适应神经模糊推理系统提供更准确的定位数据[98]。结果表明，训练后的自适应神经模糊推理系统能够在缺少通信数据的情况下有效地估计出自主水下航行器的位置。Xiao 等学者考虑了声通信中的时间延迟，将其转化为从 AUV 观测方程中的测量误差[99]。为了提高系统的可观测性，Zhang 等建立了两个主 AUV 的协同导航算法，引入了一种保持测量角度最大变化的交叉熵算法，以减小总观测误差[100]。

2.3.5　信息融合与决策

信息融合是对多个信息源、多传感器信息、多参数及历史经验信息综合处理的过程，根本目的是减少冗余数据，提升状态估计精度。信息融合在多 AUV 集群中十分重要，信息融合和决策使 AUV 具备智能分析处理能力，使 AUV 能够自主灵活地操作。AUV 集群信息融合模型如图 2-13 所示，对于整

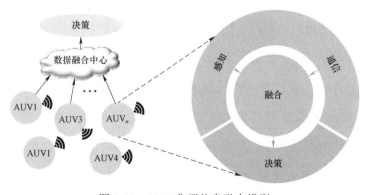

图 2-13　AUV 集群信息融合模型

个机器人集群，环境感知数据来源于相邻机器人共享的部分信息。对于单个 AUV，通过不同传感器的环境感知获取局部信息，然后通过分析环境信息，应用最优的动作策略。

合理利用各种观测信息，可以使机器人集群更高效地执行复杂任务。为了提高传感器数据的质量，人们提出了许多方法，如多数据融合、滤波、插值、平滑等。针对水的吸收和散射效应而导致水下拍摄的图像清晰度差的问题，Peng 等学者提出了一种用于水下图像恢复和增强的深度估计方法，从水下图像的模糊区域选取背景光，利用深度图和透射图对图像进行复原[101]。Humberto 等提出了一种利用相干连续冗余数据观测滤波水下传感器异常信号的方法，利用摄像机和声呐扫描器对不确定特征进行建模，结合获取的 GPS 位置，提高位置估计的精度和鲁棒性[102]。针对感知信息与传播信息类型多、数量大、时效性不一致、准确性不一致等特点，学者们应用数据融合技术将空间和时间维度上的不同信息按照一定的优化准则进行组合，从而产生与观测对象一致的解释和描述。Guo 等开发了智能融合模块，利用最优修剪极限学习机（OP-ELM）来寻找低成本传感器在外部环境中的全噪声模型，提高定位和导航的精度[103]。Fu 等介绍了四种常见的空战机动决策方法，包括矩阵博弈、微分博弈、专家博弈和影响图博弈[104]。

决策是智能分析处理的目标。决策用于解决下一步做什么和下一步怎么做两个问题，可以体现在路径规划、资源分配、行为选择、运动规划和控制等方面。近年来，强化学习的快速发展带动了智能控制的应用。强化学习涉及与真实或模拟系统不断交互，以确定完成控制任务的特定策略。Muih 等通过将强化学习与深度学习相结合，提出了深度强化学习，利用原始的高维感官信息来实现端到端的自主学习和控制[105]。

2.3.6　协同避障

在实际环境中，自主水下航行器集群容易遭遇障碍物（海底山脉或漂浮物等），这要求自主水下航行器集群具备一定的协同避障能力。如图 2-14 所示，AUV 集群需要同时处理外部障碍物和编队内碰撞风险，通过人工势场和优化算法等方法规划协同避障的期望轨迹，确保编队成员保持安全距离。闫炳成等学者提出一种基于虚拟领航者和改进胡克定律的弹性集群编队控制方法确保无人艇编队的协同避障[107]。该方法利用虚拟领航者和改进胡克定律构建弹性编队模型，设计障碍物的环形斥力场来无人艇编队的避障路径。桂雪琪等提出了一种基于视野和速度引导的协同避障方法，确保自主水下航行器能够安全快速平稳地通过障碍区域[108]。该方法设计自适应通讯拓扑机制缩短单个航行器的避障反应时间，根据无人机相对于障碍物的位置、速度信息，利用人工势场与极限环法设计航行器的避障引导速度。在动态窗口方法的基础上，李兆博等提出了一种基于改进动态窗口的无人车编队协同避障控制方法，设计方向协同因子和队形保持因子，并通过变权重改进鸽群优化算法优化权重系数，最终确保编队避障的可靠性[109]。Fu 等学者设计一种基于改进向量场直方图算法的协同避障方法解决编队避障问题[110]。受到鸟类生物的启发，Wu 等提出了一种分布式避障控制器来引导集群躲避移动障碍物，控制器根据该航行器与障碍物的距离和相对速度、与相邻航行器的相对速度和安全距离及噪声，设计斥力函数来躲避移动障碍物[111]。针对无人机群在多窄型障碍物场景的协同避障，Lin 等设计一种基于双博弈策略的协同避障策略，通过双博弈模型确定无人机的运动状态切换，并结合 Flocking 算法获得无人机的运动控制[112]。

自主水下航行器协同编队控制技术

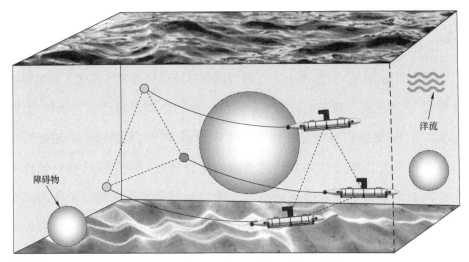

图 2-14　自主水下航行器集群体协同避障

2.4　典型应用

　　自主水下航行器编队可以应用于海洋勘探、环航控制、协同围捕、搜寻救援等场合。

2.4.1　海洋勘探

　　海洋勘探能够帮助人们更好的了解海洋的构成及特性，进而更好地探索和保护海洋资源，同时促进了海洋科学的发展。传统的海洋勘探方式是通过科考船进行资源勘探，但是这种方式费时费力。随着现代技术的不断发展，海洋勘探技术也在不断进化，自主水下航行器集群为勘探工作提供了支持。基于多 AUV 编队的海洋勘探示意图如图 2-15 所示。

　　Sousselier Thomas 等将集群机器人排成一条线状，对水下区域进行探索[113]。Sànchez 等采用粒子群优化算法有效地探索未知环境，同时减少集群成员之间共享的信息量[114]。Tsiogkas Nikolaos 等将机器人集群技术应用于水下考古科学[115]。为了在复杂海底实现高效的并行工作，姜成林等提出一种结

54

合领导者－跟随者和反馈线性化的编队控制方法，使 AUV 集群维持恒定的队形进行巡航[116]。白锐等针对路径规划和编队控制分别设计了控制器，针对路径规划，将反步控制、滑模控制和自适应控制理论相结合，实现对集群中单个 AUV 运行路径的精确控制；针对编队控制，采用改进的人工势场法，实现 AUV 集群海底搜寻任务的编队控制[117]。Cao 等将 AUV 集群用于三维水下环境中的多目标搜索，通过拓扑组织的仿生神经动力学模型来描述动态环境，根据仿生神经网络中神经元活动输出值的分布来设置 AUV 的路径选择策略[118]。Liu 等提出了一种针对每个自主水下航行器的分布式协同搜索系统[119]，以实现信息的交换和组合，利用强化学习方法寻找最优搜索路径。

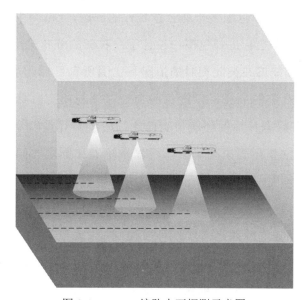

图 2-15　AUV 编队水下探测示意图

2.4.2　环航控制

环航控制是一种特殊的编队控制形式，是指机器人集群协调自身使得多个机器人保持相对位置，在中心目标周围保持预定队形，围绕中心目标进行协同环航。利用环航控制，机器人集群可以执行捕获、包围、护送、监视目标等任务。

由于水下传感器的灵敏度和探测范围不稳定，AUV 能否识别到目标具有不确定性。针对水下 AUV 目标探测的不确定性，Shi 等考虑 AUV 的运动学和动力学模型，提出了一种基于串级分布式控制律，实现目标周围的期望环绕编队[120]。Shao 等针对具有不确定性和非周期采样的移动机器人，提出了一种分布式协同周围控制方法，合成了一种鲁棒的抗扰动动力学控制方案，证明了闭环系统中所有误差变量都是有界的[121]。Zhang 等针对感知能力有限的无人机的目标封闭问题，提出了一种基于封闭势和基于共识的目标观测器的控制律，并在此基础上，推导了一组新的领导–跟随者交互势，通过增强双环空间布局中知情节点与不知情节点之间的交互来提高鲁棒性[122]。针对在 GPS 拒绝环境中包围多个非合作目标的问题，Liu 等考虑使用至少两个任务代理对多个目标进行包围，设计了一种新的分布式反同步控制器，使两个任务代理能够在彼此相对的情况下包围所有目标，同时可以动态确定所需包围圈轨迹的半径，以避免两个智能体与所有目标之间的潜在碰撞[123]。对于多静态目标的环航控制问题，胡江平等提出了一种基于方位测量的目标定位和环航控制算法，确保系统能在固定时间内实现对目标的定位和环航包围[124]。Li 等在一组采用领导者–跟随者编队的 AUV 集群中，通过给领导者安装先进传感器获取运动目标在惯性坐标系中的位置，再将该信息传递给跟随者实现环航控制，大大节省了传感器成本[125]。赵桥等所提出的方法采用多个非完整机器人围绕多个动态目标，并且环绕半径是在变化的，可以更好地保留机器人的运动信息，降低了被攻击的可能性[126]。

2.4.3 协同围捕

自主水下航行器集群系统将改变现有的海军装备，成为未来军事领域的主力军，可以用来进行战术对抗、合作攻击或防御其他威胁目标，有效地减少人员伤亡。机器人集群体作战行为包括协同围捕和对抗博弈，如图 2-16 所示。

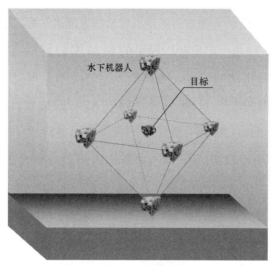

(a) 协同围捕

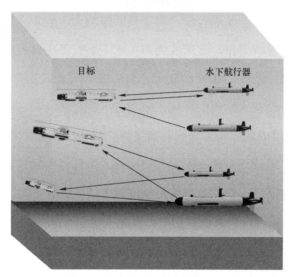

(b) 对抗博弈

图 2-16 协同围捕与对抗博弈

协同围捕行为一般分为目标搜索、跟踪和捕获三个阶段,其目的是使目标无法继续工作[127-128]。Wei 等在多 AUV 协同攻击多目标的情况下,提出了合理的目标定位策略,提高了 AUV 的整体生存概率和作战效能[129]。Ge 等学者在改进的势场中引入离散度、同构度和区域差度来解决目标搜索问题[130]。针对自主水下航行器与洋流影响之间的协调问题,Lv 等提出了一种协同围捕算法，构造了一种方向决策机制来规避洋流对围捕路径的影响[131]。Huang 等提出了一种基于仿生神经网络的多 AUV 协同捕获算法，神经元分别对应水下环境网格图的位置，通过神经元的活动值来控制每个自主水下航行器的导航和避障[132]。Ni 等研究了异构 AUV 的协同目标围捕问题，包括目标搜索和目标追踪两个主要任务，在协同追击阶段，提出了一种基于双向协商策略的动态联盟方法和一种基于改进遗传算法的追击方向分配方法[133]。

2.4.4 搜寻救援

相比传统搜救方法，自主水下航行器搜救能加快反应速度，提升搜救效率，同时对搜救环境的要求较低，可在空间限制大、危险系数高和气候条件恶劣的区域开展搜救工作，逐渐成为自主水下航行器编队控制的典型应用之一[134]。如图 2-17 所示，AUV 编队呈三角形编队在水下三维环境进行运动，采用扫描声呐等设备感知周围环境，成功搜寻到被困人员。全世豪等构建由无人艇和 AUV 组成的异构海洋航行器集群完成协同搜救[135]，采用视距制导策略和流体坐标系设计一种三维异构协同路径跟踪控制器来实现协同搜救。蔡畅等提出一种面向操作的全覆盖路径规划方法 AUV，通过目标位置概率优化 AUV 的路程和转弯次数提高 AUV 集群的搜救效率[136]。针对搜救过程的路径跟踪控制和定点驻停问题，王浩亮等提出了一种适用于水下搜救工况的 AUV 路径跟踪控制方法[137]，构建 AUV 的路径跟踪误差模型，利用三维视距制导律设计路径跟踪控制器。针对通信受限 USV 编队的协同搜救任务，Zhang 等提出一种基于事件触发机制与神经网络的编队控制方法，设计神经网络的估计器补偿控制器的不确定性，采用基于回溯技术的事件触发机制同时激活控制器和神经网络的估计器，提高 AUV 集群海上搜救的自主性[138]。针对无人艇和无人机协同搜救系统，Li 等设计虚拟三维航路编程原则来避免检测盲区的出现，结合动态事件触发机制与传感器容忍度技术，提出一种自适应事件触发控制策略，解决了传感器故障约束和模型不确定性问题[139]。Harikumar 等设计了一种分布式的时变角位移编队控制律，根据自身与相邻无人机之间的角位置差与无人机之间期望角位移获得控制动作，引导无人机编队跟踪椭圆目标，确保无人机编队搜救效率[140]。考虑无人机编队的通信延迟，Anwar 等设计出一种自适应混合控制器来完成无人机编队的协同搜救任务，该控制器主要由自适应模糊逻辑控制器和比例、积分和微分控制器组成，提高系统的阶数来降低噪声和稳态误差[141]。

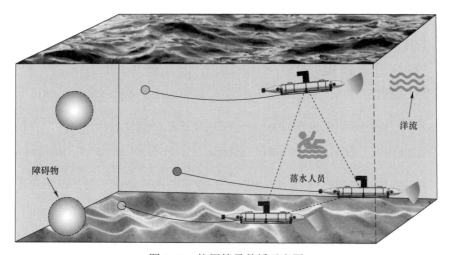

图 2-17　协同搜寻救援示意图

2.5　本章小结

单个自主水下航行器很难执行复杂任务，但是自主水下航行器集群可将任务分配给每一个自主水下航行器，简化复杂任务。本章介绍了编队控制技术，该技术可以使自主水下航行器集群保持一定的队形，以直线型或者其他队形沿着规划的路径执行指定任务。本章主要从以下三个方面对编队控制展开叙述。第一小节阐述了编队控制的现有研究，包括虚拟结构方法、领导者-跟随者方法、基于行为的方法、基于图论的方法、基于神经网络的方法和基于强化学习的方法。第二小节主要介绍了实现编队控制的支持技术，包括任务分配、路径规划算法、多源异构传感技术、机器人间通信、协同定位、信息融合与决策和协同避障。第三小节介绍了关于编队控制的典型应用，包括海洋勘探、环航控制、协同围捕和搜寻救援。在此三方面研究的基础上，第四小节介绍了自主水下航行器的应用。

参考文献

［1］ LEWIS M A，TAN K H. High precision formation control of mobile robots using virtual structAUVes ［J］. Autonomous robots，1997，4：387-403.

［2］ EGERSTEDT M，HU X. Formation constrained multi-agent control ［J］. IEEE transactions on robotics and automation，2001，17（6）：947-951.

［3］ AILON A，ZOHAR I. Control strategies for driving a group of nonholonomic kinematic mobile robots in formation along a time-parameterized path ［J］. IEEE/ASME transactions on mechatronics，2011，17（2）：326-336.

［4］ LIU Y，JIA Y. An iterative learning approach to formation control of multi-agent systems[J]. Systems and Control Letters，2012，61（1）：148-154.

［5］ DO K D，PAN J. Nonlinear formation control of unicycle-type mobile robots ［J］. Robotics and Autonomous Systems，2007，55（3）：191-204.

［6］ DONG L，CHEN Y，QU X. Formation control strategy for nonholonomic intelligent vehicles based on virtual structAUVe and consensus approach[J]. Procedia engineering，2016，137：415-424.

［7］ DESAI J P，OSTROWSKI J P，KUMAR V. Modeling and control of formations of nonholonomic mobile robots ［J］. IEEE transactions on Robotics and Automation，2001，17（6）：905-908.

［8］ CUI R，GE S S，HOW B V E，et al. Leader-follower formation control of underactuated autonomous underwater vehicles［J］. Ocean Engineering，2010，37（17/18）：1491-1502.

［9］ MILLÁN P，ORIHUELA L，JAUVADO I，et al. Formation control of autonomous underwater vehicles subject to communication delays［J］. IEEE Transactions on Control Systems Technology，2013，22（2）：770-777.

［10］ WANG D，GE S S，FU M，et al. Bioinspired neAUVodynamics based formation control for unmanned sAUVface vehicles with line-of-sight range and angle constraints［J］. NeAUVocomputing，2021，425：127-134.

［11］ XU S，DENG H，ZHANG L. Leader-follower formation control for multiple mobile robots with velocity constraints［C］//2022 China Automation Congress（CAC）. IEEE，2022：5466-5471.

［12］ CAO L，LIU G P，ZHANG D W. A leader-follower formation strategy for networked multi-agent systems based on the PI predictive control method［C］//2021 40th Chinese Control Conference（CCC）. IEEE，2021：4763-4768.

［13］ GU Z，SONG B，FAN Y，et al. Design and verification of UAV formation controller based on leader-follower method［C］//2022 7th International Conference on Automation，Control and Robotics Engineering（CACRE）. IEEE，2022：38-44.

［14］ HUANG C，XU H，BATISTA P，et al. Fixed-time leader-follower formation control of underactuated unmanned sAUVface vehicles with unknown dynamics and ocean distAUVbances［J］. EAUVopean JoAUVnal of Control，2023，70：100784.

［15］ BALCH T，ARKIN R C. Behavior-based formation control for multirobot teams [J]. IEEE transactions on robotics and automation，1998，14（6）：926-939.

[16] LAWTON J R T，BEARD R W，YOUNG B J. A decentralized approach to formation maneuvers [J]. IEEE transactions on robotics and automation，2003，19（6）：933-941.

[17] EMILE M B，SHEHATA O M，EL-BADAWY A A. A decentralized control of multiple unmanned aerial vehicles formation flight considering obstacle avoidance [C] //2020 8th International Conference on Control，Mechatronics and Automation（ICCMA）. IEEE，2020：68-73.

[18] CHEN M，LI B，WANG J，et al. A Formation Control Algorithm for Air-Ground Cooperative UAV [C] //2022 14th International Conference on Wireless Communications and Signal Processing（WCSP）. IEEE，2022：741-747.

[19] CAO H，SONG R，XU J，et al. USV Formation Path Planning Based on Behavior Trees and Fast Marching Method [C] //2023 5th International Conference on Intelligent Control，MeasAUVement and Signal Processing（ICMSP）. IEEE，2023：472-477.

[20] QUANG H P，DAM T N，HOANG V N，et al. Multi-UAV coverage strategy with v-shaped formation for patrol and sAUVveillance [C] //2022 11th International Conference on Control，Automation and Information Sciences（ICCAIS）. IEEE，2022：487-492.

[21] LEE G，CHWA D. Decentralized behavior-based formation control of multiple robots considering obstacle avoidance [J]. Intelligent Service Robotics，2018，11：127-138.

[22] LIU H，WANG Y，LEWIS F. Robust distributed formation controller design

for a group of unmanned underwater vehicles［J］. IEEE Transactions on Systems，Man，and Cybernetics：Systems，2019：1-9.

［23］ YAN T，XU Z，YANG S. Consensus formation tracking for multiple AUV systems using distributed bioinspired sliding mode control［J］. IEEE Transactions on Intelligent Vehicles，2022，8（2）：1081-1092.

［24］ WEN H，ZHOU H，FU J，et al. Consensus protocol based attitudes coordination control for underwater glider formation［J］. Ocean Engineering，2022，262：112307.

［25］ HU Z，MA C，ZHANG L，et al. Formation control of impulsive networked autonomous underwater vehicles under fixed and switching topologies［J］. NeAUVocomputing，2015，147（1）：291-298.

［26］ 赖云晖，李瑞，史莹晶，等. 基于图论法的四旋翼三角形结构编队控制［J］. 控制理论与应用，2018，35（10）：1530-1537.

［27］ CHEN G，YAO D，ZHOU Q，et.al. Distributed event-triggered formation control of USVs with prescribed performance［J］. JoAUVnal of Systems Science and Complexity，2022，35（3）：820-838.

［28］ YAMCHI M H，ESFANJANI R M. Distributed predictive formation control of networked mobile robots subject to communication delay［J］. Robotics and Autonomous Systems，2017，91：194-207.

［29］ KARKOUB M，WANG H，WU T S. Distributed Newton and Quasi-Newton methods for formation control of autonomous vehicles［J］. Ships and Offshore StructAUVes，2020，15（1）：61-74.

［30］ LIU H，LYU Y，LEWIS F L，et al. Robust time-varying formation control for multiple underwater vehicles subject to nonlinearities and uncertainties［J］. International Journal of Robust and Nonlinear Control，2019，29（9）：

2712-2724.

[31] XIAO H, CHEN C L P, YU D. Two-level structure swarm formation system with self-organized topology network [J]. Neurocomputing, 2020, 384: 356-367.

[32] PENG Z, WANG D, CHEN Z, et al. Adaptive dynamic sAUVface control for formations of autonomous surface vehicles with uncertain dynamics [J]. IEEE Transactions on Control Systems Technology, 2012, 21(2): 513-520.

[33] PARK B S. Adaptive formation control of underactuated autonomous underwater vehicles [J]. Ocean Engineering, 2015, 96: 1-7.

[34] LIANG X, QU X, WANG N, et al. Swarm control with collision avoidance for multiple underactuated sAUVface vehicles [J]. Ocean Engineering, 2019, 191: 106516.

[35] GAO J, AN X, PROCTOR A, et al. Sliding mode adaptive neAUVal network control for hybrid visual servoing of underwater vehicles [J]. Ocean Engineering, 2017, 142: 666-675.

[36] WANG J, WANG C, WEI Y, et al. Sliding mode based neAUVal adaptive formation control of underactuated AUVs with leader-follower strategy [J]. Applied Ocean Research, 2020, 94: 101971.

[37] GUO Y, QIN H, XU B, et al. Composite learning adaptive sliding mode control for AUV target tracking [J]. Neurocomputing, 2019, 351: 180-186.

[38] ZHAO E, CHAO T, WANG S, et al. Finite-time formation control for multiple flight vehicles with accAUVate linearization model [J]. Aerospace Science and Technology, 2017, 71: 90-98.

[39] SUN Y, CHEN L, QIN H, et al. Distributed finite-time coordinated tracking control for multiple Euler-Lagrange systems with input

nonlinearity [J]. Nonlinear Dynamics，2019，95：2395-2414.

[40] WANG S，NA J，REN X. RISE-based asymptotic prescribed performance tracking control of nonlinear servo mechanisms [J]. IEEE Transactions on Systems，Man，and Cybernetics：Systems，2017，48（12）：2359-2370.

[41] HASSANEIN O，ANAVATTI S G，RAY T. Fuzzy modeling and control for autonomous underwater vehicle [C] //The 5th International Conference on Automation，Robotics and Applications. IEEE，2011：169-174.

[42] HE W，DONG Y. Adaptive fuzzy neAUVal network control for a constrained robot using impedance learning [J]. IEEE transactions on neAUVal networks and learning systems，2017，29（4）：1174-1186.

[43] WANG J，WANG C，WEI Y，et al. Command filter based adaptive neAUVal trajectory tracking control of an underactuated underwater vehicle in three-dimensional space [J]. Ocean Engineering，2019，180：175-186.

[44] WANG W，WEN T，HE X，et al. Robust trajectory tracking and control allocation of X-rudder AUV with actuator uncertainty [J]. Control Engineering Practice，2023，136：105535，1-9.

[45] MAZARE M，ASHARIOUN H，DAVOUDI E，et al. Distributed finite-time neAUVal network observer-based consensus tracking control of heterogeneous underwater vehicles [J]. Ocean Engineering，2023，272：113882.

[46] WANG X，XU B，GUO Y. Fuzzy logic system-based robust adaptive control of AUV with target tracking [J]. International Journal of Fuzzy Systems，2023，25（1）：338-346.

[47] YANG Y，FENG G，REN J. A combined backstepping and small-gain

approach to robust adaptive fuzzy control for strict-feedback nonlinear systems [J]. IEEE Transactions on Systems Man and Cybernetics - Part A Systems and Humans, 2004, 34（3）: 406-420.

[48] LOU Q, ZHOU Y, LI X. Multi-UAV optimal formation control via actor-critic reinforcement learning algorithm [C] //2022 4th International Conference on Industrial Artificial Intelligence（IAI）. IEEE, 2022: 1-6.

[49] WANG W, CHEN X, JIA J, et al. Optimal formation tracking control based on reinforcement learning for multi-UAV systems [J]. Control Engineering Practice, 2023, 141: 105735.

[50] WU H, SONG S, YOU K, et al. Depth control of model-free AUVs via reinforcement learning [J]. IEEE Transactions on Systems, Man, and Cybernetics: Systems, 2018, 49（12）: 2499-2510.

[51] CUI R, YANG C, LI Y, et al. Adaptive neAUVal network control of AUVs with control input nonlinearities using reinforcement learning [J]. IEEE Transactions on Systems, Man, and Cybernetics: Systems, 2017, 47（6）: 1019-1029.

[52] BODI M A, LIU Z, JIANG F, et al. Reinforcement learning based UAV formation control in GPS-denied environment [J].Chinese JoAUVnal of Aeronautics, 2023, 36（11）: 281-296.

[53] ZHAO Y, MA Y, HU S. USV formation and path-following control via deep reinforcement learning with random braking [J]. IEEE Transactions on NeAUVal Networks and Learning Systems, 2021, 32（12）: 5468-5478.

[54] GU Y, WANG X, CAO X, et al. Multi-USV Formation Control and Obstacle Avoidance Under Virtual Leader [C] //2023 China Automation Congress（CAC）. IEEE, 2023: 3411-3416.

［55］ WANG Z，ZHANG L，ZHU Z. Game-based distributed optimal formation tracking control of underactuated AUVs based on reinforcement learning ［J］. Ocean Engineering，2023，287：115879.

［56］ LUO L，CHAKRABORTY N，SYCARA K. Distributed algorithms for multirobot task assignment with task deadline constraints ［J］. IEEE Transactions on Automation Science and Engineering，2015，12（3）：876-888.

［57］ SARIEL S，BALCH T，ERDOGAN N. Naval mine countermeasure missions ［J］. IEEE Robotics and Automation Magazine，2008，15（1）：45-52.

［58］ OTTE M，KUHLMAN M J，SOFGE D. Auctions for multi-robot task allocation in communication limited environments ［J］. Autonomous Robots，2020，44：547-584.

［59］ FERRI G，MUNAFO A，TESEI A，et al. A market-based task allocation framework for autonomous underwater surveillance networks ［C］//OCEANS 2017-Aberdeen. IEEE，2017：1-10.

［60］ ZHU D，CAO X，SUN B，et al. Biologically inspired self-organizing map applied to task assignment and path planning of an AUV system ［J］. IEEE Transactions on Cognitive and Developmental Systems，2017，10（2）：304-313.

［61］ DUTTA A，CZARNECKI E，UFIMTSEV V，et al. Correlation clustering-based multi-robot task allocation：a tale of two graphs［J］. ACM SIGAPP Applied Computing Review，2020，19（4）：5-16.

［62］ LI J，YANG F. Task assignment strategy for multi-robot based on improved Grey Wolf Optimizer ［J］. Journal of Ambient Intelligence and Humanized

Computing，2020，11（12）：6319-6335.

［63］DORIGO M，GAMBARDELLA L M. Ant colony system：a cooperative learning approach to the traveling salesman problem［J］. IEEE Transactions on evolutionary computation，1997，1（1）：53-66.

［64］KENNEDY J，EBERHART R. Particle swarm optimization［C］// Proceedings of ICNN'95-international conference on neural networks. ieee，1995：1942-1948.

［65］MIRJALILI S，MIRJALILI S M，LEWIS A. Grey wolf optimizer［J］. Advances in engineering software，2014，69：46-61.

［66］PASSINO K M. Biomimicry of bacterial foraging for distributed optimization and control［J］. IEEE control systems magazine，2002，22（3）：52-67.

［67］CHEN X，ZHANG P，DU G，et al. Ant colony optimization based memetic algorithm to solve bi-objective multiple traveling salesmen problem for multi-robot systems［J］. IEEE Access，2018，6：21745-21757.

［68］WEI C，JI Z，CAI B. Particle swarm optimization for cooperative multi-robot task allocation：a multi-objective approach［J］. IEEE Robotics and Automation Letters，2020，5（2）：2530-2537.

［69］ZHEN Z，XING D，GAO C. Cooperative search-attack mission planning for multi-UAV based on intelligent self-organized algorithm［J］. Aerospace Science and Technology，2018，76：402-411.

［70］CAI W，ZHANG M，ZHENG Y R. Task assignment and path planning for multiple autonomous underwater vehicles using 3D dubins curves［J］. Sensors，2017，17（7）：1607.

［71］CHEN Z，ZHANG Y，ZHANG Y，et al. A hybrid path planning algorithm for unmanned sAUVface vehicles in complex environment with dynamic obstacles [J]. IEEE access，2019，7：126439-126449.

[72] SUN Z，SUN L，QI J，et al. Distributed Path Planning for UAVs Based on A* Algorithm of Dubins ath [C] //2023 42nd Chinese Control Conference （CCC）. IEEE，2023：5939-5944.

[73] WANG B，LIU Z，LI Q，et al. Mobile robot path planning in dynamic environments through globally guided reinforcement learning [J]. IEEE Robotics and Automation Letters，2020，5（4）：6932-6939.

[74] WEI D，WANG F，MA H. Autonomous path planning of AUV in large-scale complex marine environment based on swarm hyper-heAUVistic algorithm [J]. Applied Sciences，2019，9（13）：2654.

[75] ZHANG M，SHEN Y，WANG Q，et al. Dynamic artificial potential field based multi-robot formation control [C] //2010 IEEE Instrumentation and MeasAUVement Technology Conference Proceedings. IEEE，2010：1530-1534.

[76] PAN Z，ZHANG C，XIA Y，et al. An improved artificial potential field method for path planning and formation control of the multi-UAV systems [J]. IEEE Transactions on Circuits and Systems II：Express Briefs，2021，69（3）：1129-1133.

[77] XU J，PARK K S. A real-time path planning algorithm for cable-driven parallel robots in dynamic environment based on artificial potential guided RRT [J]. Microsystem Technologies，2020，26（11）：3533-3546.

[78] SUN H，QI J，WU C，et al. Path planning for dense drone formation based on modified artificial potential fields [C] //2020 39th Chinese Control Conference（CCC）. IEEE，2020：4658-4664.

［79］ BAI W，WU X，XIE Y，et al. A cooperative route planning method for multi-uavs based-on the fusion of artificial potential field and b-spline interpolation ［C］//2018 37th Chinese control conference（CCC）. IEEE，2018：6733-6738.

［80］ TONG X，YU S，LIU G，et al. A hybrid formation path planning based on A* and multi-target improved artificial potential field algorithm in the 2D random environments ［J］. Advanced Engineering Informatics，2022，54：101755.

［81］ BENTES C，SAOTOME O. Dynamic swarm formation with potential fields and A* path planning in 3D environment ［C］//2012 Brazilian Robotics Symposium and Latin American Robotics Symposium. IEEE，2012：74-78.

［82］ YAO P，QI S B. Obstacle-avoiding path planning for multiple autonomous underwater vehicles with simultaneous arrival ［J］. Science China Technological Sciences，2019，62：121-132.

［83］ GAO C，GONG H，ZHEN Z，et al. Three dimensions formation flight path planning under radar threatening environment［C］//Proceedings of the 33rd Chinese Control Conference. IEEE，2014：1121-1125.

［84］ YAN Z，LI J，WU Y，et al. A real-time path planning algorithm for AUV in unknown underwater environment based on combining PSO and waypoint guidance ［J］. Sensors，2018，19（1）：20.

［85］ ZENG Z，SAMMUT K，LIAN L，et al. A comparison of optimization techniques for AUV path planning in environments with ocean cAUVrents ［J］. Robotics and Autonomous Systems，2016，82：61-72.

［86］ CHE G，LIU L，YU Z. An improved ant colony optimization algorithm based on particle swarm optimization algorithm for path planning of autonomous underwater vehicle［J］. Journal of Ambient Intelligence and Humanized Computing，2020，11（8）：3349-3354.

［87］ LIN C，WANG H，FU M，et al. A gated recurrent unit-based particle filter for unmanned underwater vehicle state estimation［J］. IEEE Transactions on Instrumentation and MeasAUVement，2020，70：1-12.

［88］ SUN J，HU F，JIN W，et al. Model-aided localization and navigation for underwater gliders using single-beacon travel-time differences［J］. Sensors，2020，20（3）：893.

［89］ ALLOTTA B，CAITI A，COSTANZI R，et al. A new AUV navigation system exploiting unscented Kalman filter［J］. Ocean Engineering，2016，113：121-132.

［90］ AGGARWAL A，KAMPMANN P，LembAUVg J，et al. Haptic Object Recognition in Underwater and Deep-sea Environments［J］. Journal of field robotics，2015，32（1）：167-185.

［91］ GUERNEVE T，SUBR K，PETILLOT Y. Three-dimensional reconstruction of underwater objects using wide-apertAUVe imaging SONAR［J］. Journal of Field Robotics，2018，35（6）：890-905.

［92］ CAI L，SUN Q，XU T，et al. Multi-AUV collaborative target recognition based on transfer-reinforcement learning［J］. IEEE Access，2020，8：39273-39284.

［93］ KIM J. Cooperative localization and unknown currents estimation using multiple autonomous underwater vehicles［J］. IEEE Robotics and Automation Letters，2020，5（2）：2365-2371.

［94］ LIU MY，LI WB，PEI X. Convex optimization algorithms for cooperative localization in autonomous underwater vehicles [J]. Acta Automatica Sinica, 2010, 36 (5): 704-710.

[95] XU B, XIAO Y P, GAO W, et al. Dual-Model Reverse CKF Algorithm in Cooperative Navigation for USV [J]. Mathematical Problems in Engineering, 2014, 2014 (1): 186785.

[96] LI Q, BEN Y, NAQVI S M, et al. Robust Student's Based Cooperative Navigation for Autonomous Underwater Vehicles [J]. IEEE Transactions on Instrumentation and MeasAUVement, 2018, 67 (8): 1762-1777.

[97] XU B, GUO Y, WANG L, et al. A novel robust Gaussian approximate smoother based on EM for cooperative localization with sensor fault and outliers [J]. IEEE Transactions on Instrumentation and Measauvement, 2020, 70: 1-14.

[98] XU B, LI S, RAZZAQI A A, et al. Cooperative localization in harsh underwater environment based on the MC-ANFIS [J]. IEEE Access, 2019, 7: 55407-55421.

[99] XIAO G, WANG B, DENG Z, et al. An acoustic communication time delays compensation approach for master-slave AUV cooperative navigation [J]. IEEE Sensors JoAUVnal, 2016, 17 (2): 504-513.

[100] ZHANG L, LI Y, LIU L, et al. Cooperative navigation based on cross entropy: dual leaders [J]. IEEE Access, 2019, 7: 151378-151388.

[101] PENG Y T, COSMAN P C. Underwater image restoration based on image blurriness and light absorption [J]. IEEE transactions on image processing, 2017, 26 (4): 1579-1594.

[102] MARTÍNEZ-BARBERÁ H, BERNAL-POLO P, HERRERO-PEREZ D. Sensor modeling for underwater localization using a particle filter [J].

Sensors，2021，21（4）：1549.

［103］GUO J，HE B，SHA Q. Shallow-sea application of an intelligent fusion module for low-cost sensors in AUV［J］. Ocean Engineering，2018，148：386-400.

［104］FU L，XIE F，WANG D，et al. The overview for UAV air-combat decision method［C］//The 26th Chinese control and decision conference（2014 CCDC）. IEEE，2014：3380-3384.

［105］MNIH V，KAVUKCUOGLU K，SILVER D，et al. Human-level control through deep reinforcement learning［J］. Nature，2015，518（7540）：529-533.

［106］刘树光，王欢. 有人/无人机协同编队控制研究综述［J］. 飞行力学，2022，40（5）：1-8.

［107］闫炳成，曹乐. 基于虚拟领航者和改进胡克定律的无人艇集群避障［J］. 中国舰船研究，2023，18（1）：78-88.

［108］桂雪琪，李春涛. 基于视野和速度引导的无人机集群避障算法［J］. 系统仿真学报，2024，36（3）：545-554.

［109］李兆博，孙双蕾. 基于鸽群优化改进动态窗的多无人车协同编队避障控制［J］. 工程科学学报，2024，46（7）：1279-1285.

［110］FU X W，ZHI C Y，WU D. Obstacle avoidance and collision avoidance of UAV swarm based on improved VFH algorithm and information sharing strategy［J］. Computers and Industrial Engineering，2023，186：1-10.

［111］WU J，LUO C，LUO Y，et al. Distributed UAV swarm formation and collision avoidance strategies over fixed and switching topologies［J］. IEEE transactions on cybernetics，2021，52（10）：10969-10979.

［112］LIN Y，NA Z，FENG Z，et al. Dual-game based UAV swarm obstacle avoidance algorithm in multi-narrow type obstacle scenarios［J］. EAUVASIP Journal on Advances in Signal Processing，2023，2023（1）：118.

［113］SOUSSELIER T，DREO J，SEVAUX M. Line formation algorithm in a swarm of reactive robots constrained by underwater environment［J］. Expert Systems with Applications，2015，42（12）：5117-5127.

［114］SÀNCHEZ N D G，VARGAS P A，COUCEIRO M S. A darwinian swarm robotics strategy applied to underwater exploration［C］//2018 IEEE Congress on Evolutionary Computation（CEC）. IEEE，2018：1-6.

［115］TSIOGKAS N，SAIGOL Z，LANE D. Distributed multi-AUV cooperation methods for underwater archaeology［C］//OCEANS 2015-Genova. IEEE，2015：1-5.

［116］姜成林，徐会希. 面向复杂地形海洋勘探的 Multi-AUV 编队协同控制策略［J］. 舰船科学技术，2021，43（2）：93-100.

［117］白锐. UUV 编队抵近海底侦测的目标驱动队形优化控制研究［D］. 哈尔滨：哈尔滨工程大学，2013.

［118］CAO X，ZHU D，YANG S X. Multi-AUV target search based on bioinspired neAUVodynamics model in 3-D underwater environments［J］. IEEE transactions on neAUVal networks and learning systems，2015，27（11）：2364-2374.

［119］LIU Y，WANG M，SU Z，et al. Multi-AUVs cooperative target search based on autonomous cooperative search learning algorithm［J］. JoAUVnal of Marine Science and Engineering，2020，8（11）：843.

［120］SHI L，ZHENG R，LIU M，et al. Distributed circumnavigation control of autonomous underwater vehicles based on local information［J］. Systems and Control Letters，2021，148：104873.

［121］ SHAO X，ZHANG J，ZHANG W. Distributed cooperative sAUVrounding control for mobile robots with uncertainties and aperiodic sampling ［J］. IEEE Transactions on Intelligent Transportation Systems，2022，23（10）：18951-18961.

［122］ ZHANG D，DUAN H，ZENG Z. Leader-follower interactive potential for target enclosing of perception-limited UAV groups ［J］. IEEE Systems JoAUVnal，2021，16（1）：856-867.

［123］ LIU F，YUAN S，MENG W，et al. Multiple noncooperative targets encirclement by relative distance-based positioning and neAUVal antisynchronization control ［J］. IEEE Transactions on Industrial Electronics，2023，71（2）：1675-1685.

［124］ 胡江平，周子粲，陈波. 基于方位测量的固定时间多目标定位和环航控制 ［J］. 吉林大学学报（工学版），2023，53（3）：923-932.

［125］ LI J，CHEN X. Multi-AUV circular formation sliding mode control based on cyclic pAUVsuit ［C］//2020 IEEE International Conference on Mechatronics and Automation（ICMA）. IEEE，2020：1365-1370.

［126］ 赵桥，李博，项融融. 多动态目标的多机器人协同环航控制 ［J］. 计算机测量与控制，2023，31（1）：71-78.

［127］ CAO X，XU X. Hunting algorithm for multi-auv based on dynamic prediction of target trajectory in 3d underwater environment ［J］. IEEE Access，2020，8：138529-138538.

［128］ CHEN M，ZHU D. A novel cooperative hunting algorithm for inhomogeneous multiple autonomous underwater vehicles ［J］. IEEE Access，2018，6：7818-7828.

[129] WEI N，LIU M，CHENG W. Decision-making of underwater cooperative confrontation based on MODPSO［J］. Sensors，2019，19（9）：2211.

[130] GE H，CHEN G，XU G. Multi-AUV cooperative target hunting based on improved potential field in a sAUVface-water environment［J］. Applied Sciences，2018，8（6）：973.

[131] LV R，GAN W，SUN B，et al. A multi-AUV hunting algorithm with ocean cAUVrent effect［C］//2015 IEEE International Conference on Cyber Technology in Automation，Control，and Intelligent Systems（CYBER）. IEEE，2015：869-874.

[132] HUANG Z，ZHU D，SUN B. A multi-AUV cooperative hunting method in 3-D underwater environment with obstacle［J］. Engineering Applications of Artificial Intelligence，2016，50：192-200.

[133] NI J，YANG L，WU L，et al. An improved spinal neural system-based approach for heterogeneous AUVs cooperative hunting［J］. International Journal of Fuzzy Systems，2018，20：672-686.

[134] 徐博，王朝阳. 基于无人艇跨域异构编队协同导航研究进展与未来趋势［J］. 中国舰船研究，2022，17（4）：1-11，56.

[135] 仝世豪，孙建波，陈亚辉，等. 面向海上搜救的 ASV 与 AUV 的协同控制［J］. 船舶工程，2023，45（7）：1-8.

[136] 蔡畅，陈建峰，刘芬，等. 水下搜救中基于先验信息的 AUV 区域覆盖路径规划［J］. 数字海洋与水下攻防，2021，4（6）：461-468.

[137] 王浩亮，于德智，卢丽宇，等. 面向水下搜救的自主水下航行器路径跟踪控制［J］. 船舶工程，2023，45（10）：110-115，125.

[138] ZHANG G，LIU S，ZHANG X，et al. Event-triggered cooperative formation control for autonomous surface vehicles under the maritime

search operation〔J〕. IEEE Transactions on Intelligent Transportation Systems，2022，23（11）：21392-21404.

〔139〕 LI J，ZHANG G，ZHANG X，et al. Integrating dynamic event-triggered and sensor-tolerant control：Application to USV-UAVs cooperative formation system for maritime parallel search〔J〕. IEEE Transactions on Intelligent Transportation Systems，2023，25（5）：3986-3998.

〔140〕 HARIKUMAR K，SENTHILNATH J，SUNDARAM S. Multi-UAV oxyrrhis marina-inspired search and dynamic formation control for forest firefighting〔J〕. IEEE Transactions on Automation Science and Engineering，2018，16（2）：863-873.

〔141〕 ALI Z A，ISRAR A，ALKHAMMASH E H，et al. A Leader-Follower Formation Control of Multi-UAVs via an Adaptive Hybrid Controller〔J〕. Complexity，2021，2021（1）：1-16.

第 3 章　主从架构集群编队控制方法

目前主流的队形控制模型包括领导－跟随者模型、虚拟结构模型、基于行为的模型、基于图论的模型、基于神经网络的模型和基于强化学习的模型，其中领导－跟随者模型是最为主流的编队控制模型。本章基于经典的领导－跟随者编队控制模型，介绍完整的六自由度 AUV 数学模型，推导不同维度下主从编队控制模型，最后提出基于反步法的编队控制方法和基于自抗扰控制器的编队控制方法。

3.1　六自由度 AUV 数学模型

AUV 数学模型能够反映 AUV 系统在水下的运动状态变化，涉及运动学、动力学等相关知识。运动学模型描述了 AUV 的位置、速度和角度之间的关系，相应的表示符号见表 3-1。动力学模型揭示了 AUV 的运动原理，包括力、力矩和加速度之间的关系，相应的动力学符号见表 3-2。

表 3-1　坐标符号说明

坐标系		X 轴	Y 轴	Z 轴
大地坐标系 E	位置	x	y	z
	角度	ϕ	θ	ψ
随体坐标系 B	速度	u	v	w
	角速度	p	q	r

坐标系		X 轴	Y 轴	Z 轴
随体坐标系 B	外力	τ_u, τ_{ud}	τ_v, τ_{vd}	τ_w, τ_{wd}
	外力矩	τ_p, τ_{pd}	τ_q, τ_{qd}	τ_r, τ_{rd}

表 3-2　动力学符号说明

符号	意义	符号	意义
M	惯性系数矩阵	$C(v)$	科氏力－向心力系数矩阵
$D(v)$	阻尼力矩阵	$g(\eta)$	恢复力矩阵
m	AUV 质量	g	重力加速度
Z_G	纵向稳心高度		

3.1.1　AUV 运动学模型

六自由度 AUV 的运动学模型具体包含三个维度上的位置、角度、速度和角速度等基本运动属性，分别在大地坐标系 $E-X_E Y_E Z_E$ 与随体坐标系 $B-X_B Y_B Z_B$ 进行描述，如图 3-1 所示。大地坐标系主要用于描述 AUV 的运动任务和定位导航，又称惯性坐标系。大地坐标系的原点可以设为任意位置，$E-Z_E$ 轴沿铅垂方向竖直向下，并垂直于 $E-X_E Y_E$ 平面；$E-X_E$ 轴在水平面上与 $E-Y_E$ 轴垂直[1]。六自由度 AUV 三个方向上的位置和角度在 $E-X_E Y_E Z_E$ 坐标系中用 η 矩阵表示：

$$\eta = [x, y, z, \phi, \theta, \psi]^T \tag{3-1}$$

式中，x、y 和 z 表示为在大地坐标系下 $E-X_E$，$E-Y_E$ 和 $E-Z_E$ 方向上的位移，ϕ、θ 和 ψ 分别表示为 AUV 的横滚角、纵倾角和偏航角。η 表示这三个方向上的位移速度和角速度。

随体坐标系建立在 AUV 的质心上，其中 $B-X_B$ 为 AUV 的前进方向，$B-Y_B$ 轴垂直于 $B-X_B$ 轴指向右舷方向，位于 AUV 正下方的 $B-Z_B$ 轴垂直于 $B-X_B Y_B$ 平面。在随体坐标系下建立的 AUV 模型用于表述 AUV 的速度和受到的力与力矩[2]。其中 u、v 和 w 表示 AUV 随体坐标系下的进退、侧移和沉浮速度；p、q 和 r 分别表示 AUV 的横滚、纵倾与偏航运动的角速度。τ_u、τ_v、τ_w，以及 τ_p、τ_q、τ_r 表示为 AUV 三个方向上的控制力和力矩。

$$\boldsymbol{v} = [u, v, w, p, q, r]^{\mathrm{T}} \tag{3-2}$$

$$\boldsymbol{\tau} = [\tau_u, \tau_v, \tau_w, \tau_p, \tau_q, \tau_r]^{\mathrm{T}} \tag{3-3}$$

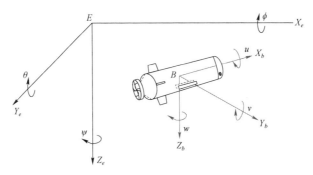

图 3-1　大地坐标系与随体坐标系

随体坐标系到大地坐标系下的平移速度转换矩阵表示为：

$$\begin{bmatrix} \dot{x} \\ \dot{y} \\ \dot{z} \end{bmatrix} = \boldsymbol{J}_1(\phi, \theta, \psi) \begin{bmatrix} u \\ v \\ w \end{bmatrix} \tag{3-4}$$

式中，转换矩阵定义如下：

$$\boldsymbol{J}_1(\phi, \theta, \psi) = \begin{bmatrix} \cos\psi\cos\theta & -\sin\psi\cos\phi + \cos\psi\sin\theta\sin\phi & \sin\psi\sin\phi + \cos\psi\cos\phi\sin\theta \\ \sin\psi\cos\theta & \cos\psi\cos\phi + \sin\psi\sin\phi & -\cos\psi\sin\phi + \sin\psi\cos\phi\sin\theta \\ -\sin\theta & \cos\theta\sin\phi & \cos\theta\cos\phi \end{bmatrix} \tag{3-5}$$

随体坐标系到大地坐标系下的旋转速度转换矩阵表示为：

$$\begin{bmatrix} \dot{\phi} \\ \dot{\theta} \\ \dot{\psi} \end{bmatrix} = \boldsymbol{J}_2(\phi, \theta) \begin{bmatrix} p \\ q \\ r \end{bmatrix} \tag{3-6}$$

式中，$\boldsymbol{J}_2(\phi, \theta)$ 定义如下：

$$\boldsymbol{J}_2(\phi, \theta) = \begin{bmatrix} 1 & \sin\phi\tan\theta & \cos\phi\tan\theta \\ 0 & \cos\phi & -\sin\phi \\ 0 & \sin\phi/\cos\theta & \cos\phi/\cos\theta \end{bmatrix} \tag{3-7}$$

通过联合平移速度转换矩阵和旋转速度转换矩阵，得到 AUV 在随体坐标系与大地坐标系之间的运动关系：

$$\dot{\eta} = J(\eta)\upsilon \tag{3-8}$$

式中，转换矩阵定义如下：

$$J(\eta) = \begin{bmatrix} J_1(\phi,\theta,\psi) & \mathbf{0}_{3\times3} \\ \mathbf{0}_{3\times3} & J_2(\phi,\theta) \end{bmatrix} \tag{3-9}$$

3.1.2　AUV 动力学模型

动力学模型描述了 AUV 的力、力矩、速度和加速度之间的关系，主要由刚体动力学和流体动力学共同作用下的结果[3]。AUV 的动力学模型如下：

$$M\dot{\upsilon} + C(\upsilon)\upsilon + D(\upsilon)\upsilon + g(\eta) = \tau + \tau_d \tag{3-10}$$

式中，$\dot{\upsilon}$ 是加速度矩阵。τ 和 τ_d 为控制力矩阵和外部干扰矩阵：

$$\tau = [\tau_u, \tau_v, \tau_w, \tau_p, \tau_q, \tau_r]^{\mathrm{T}} \tag{3-11}$$

$$\tau_d = [\tau_{ud}, \tau_{vd}, \tau_{wd}, \tau_{pd}, \tau_{qd}, \tau_{rd}]^{\mathrm{T}} \tag{3-12}$$

M 为质量、转动惯量系数和附加质量系数组成的惯性系数矩阵，具体为：

$$M = \mathrm{diag}[m_{11}, m_{22}, m_{33}, m_{44}, m_{55}, m_{66}] \tag{3-13}$$

$C(\upsilon)$ 为附加质量系数的科氏力 – 向心力矩阵：

$$C(\upsilon) = \begin{bmatrix} 0 & 0 & 0 & 0 & m_{33}w & -m_{22}v \\ 0 & 0 & 0 & -m_{33}w & 0 & m_{11}u \\ 0 & 0 & 0 & m_{22}v & -m_{11}u & 0 \\ 0 & m_{33}w & -m_{22}v & 0 & m_{66}r & -m_{55}q \\ -m_{33}w & 0 & m_{11}u & -m_{66}r & 0 & m_{44}p \\ m_{22}v & -m_{11}u & 0 & m_{55}q & -m_{44}p & 0 \end{bmatrix} \tag{3-14}$$

$D(\upsilon)$ 为阻尼力矩阵：

$$D(\upsilon) = \mathrm{diag}[d_{11}, d_{22}, d_{33}, d_{44}, d_{55}, d_{66}] \tag{3-15}$$

$g(\eta)$ 为浮力和重力构成的恢复力矩阵：

$$g(\eta) = [0, 0, 0, mgz_G \cos\theta \sin\phi, mgz_G \sin\theta, 0]^{\mathrm{T}} \tag{3-16}$$

式中，m 为质量，g 为重力加速度，Z_G 为纵向稳心高度。

3.2 二维平面主从编队控制模型

本小节首先介绍二维平面 AUV 的数学模型，再推导基于主从架构的二维平面编队模型。

3.2.1 二维平面 AUV 数学模型

在二维平面下，AUV 只在 $E-X_EY_E$ 平面上进行运动。因此原有六自由度 AUV 数学模型的基础可以简化得三自由度的平面数学模型[3]。简化后的 AUV 水平面运动方程为：

$$\dot{\eta} = J(\eta)\upsilon \qquad (3\text{-}17)$$

$$M\dot{\upsilon} + C(\upsilon)\upsilon + D(\upsilon)\upsilon + g(\eta) = \tau + \tau_d \qquad (3\text{-}18)$$

式中，$\eta = [x, y, \psi]^{\mathrm{T}}$ 表示大地坐标系下 AUV 的平面位置和偏航角，$\upsilon = [u, v, r]^{\mathrm{T}}$ 表示随体坐标系下 AUV 的进退速度、侧移速度和偏航运动角速度。三自由度数学模型方程为：

$$\begin{cases} \dot{x} = u\cos\psi_i - v\sin\psi_i \\ \dot{y} = u\sin\psi_i + v\cos\psi_i \\ \dot{\psi}_i = r \\ \dot{u} = \dfrac{m_{22}}{m_{11}}vr - \dfrac{d_{11}}{m_{11}}u + \dfrac{\tau_u}{m_{11}} \\ \dot{v} = -\dfrac{m_{11}}{m_{22}}ur - \dfrac{d_{22}}{m_{22}}v \\ \dot{r} = -\dfrac{m_{11}-m_{22}}{m_{66}}uv + \dfrac{d_{66}}{m_{66}}r + \dfrac{\tau_r}{m_{66}} \end{cases} \qquad (3\text{-}19)$$

式中，m_{11}、m_{22} 和 m_{66} 为惯性系数，d_{11}、d_{22} 和 d_{66} 表示阻尼，τ_u 和 τ_r 是 AUV 的控制力和力矩，τ_{ud}、τ_{vd} 和 τ_{rd} 是未知干扰项。大地坐标系与随体坐标系的关系如图 3-2 所示。

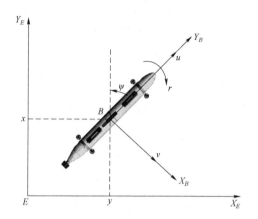

图 3-2　平面模型中的大地坐标系与随体坐标系

3.2.2　二维平面编队模型

基于领导 – 跟随者编队模型结构如图 3-3 所示。领导者 A_L 根据任务需求带领所有跟随者运动，虚拟跟随者 V_{F1} 为编队中跟随者的理想位置。跟随者 A_{F1} 需要跟随虚拟跟随者 V_{F1}，同领导者组成理想编队队形。

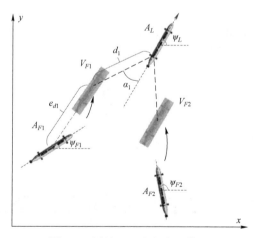

图 3-3　领导 – 跟随者编队模型

在大地坐标系下，领导者与虚拟跟随者在水平面上的位置关系取决于相对的方向角 α 与距离 d [4]，具体如下：

83

$$\begin{cases} x_F = x_L - d\cos(\psi_L + \alpha) \\ y_F = y_L - d\sin(\psi_L + \alpha) \\ \psi_F = \psi_L \end{cases} \quad (3\text{-}20)$$

式中，d 为跟踪者到领导者的距离，α 为领导者与跟随者之间的偏航角。

首先，建立跟随者与虚拟跟随者之间的平面位置、角度误差：

$$\begin{cases} e_x = x - x_F \\ e_y = y - y_F \\ e_\psi = \psi - \psi_F \end{cases} \quad (3\text{-}21)$$

通过转换矩阵将大地坐标系下的误差变为随体坐标系下的误差值：

$$\begin{bmatrix} x_e \\ y_e \\ \psi_e \end{bmatrix} = \begin{bmatrix} \cos\psi & \sin\psi & 0 \\ -\sin\psi & \cos\psi & 0 \\ 0 & 0 & 1 \end{bmatrix} \begin{bmatrix} e_x \\ e_y \\ e_\psi \end{bmatrix} \quad (3\text{-}22)$$

结合式（3-20）～式（3-22）进行求导，得到以下随体坐标系二维编队误差方程：

$$\begin{cases} x_e = (x_L - x)\cos\psi + (y_L - y)\sin\psi - d\cos(\psi_e + \alpha) \\ y_e = (y_L - y)\cos\psi - (x_L - x)\sin\psi - d\sin(\psi_e + \alpha) \\ \psi_e = \psi - \psi_F \end{cases} \quad (3\text{-}23)$$

由此，编队控制的目标转变成为 AUV 设计合适的控制律以减小误差，使误差方程（3-22）达到收敛。

$$\begin{cases} \lim_{t\to\infty} x_e = 0 \\ \lim_{t\to\infty} y_e = 0 \\ \lim_{t\to\infty} \psi_e = 0 \end{cases} \quad (3\text{-}24)$$

3.3　三维空间主从编队控制模型

本小节首先介绍三维空间 AUV 的数学模型，再介绍基于主从架构的三维空间编队模型。

3.3.1　三维空间 AUV 数学模型

为简化三维空间复杂模型，通过增大纵向稳定高度增大 AUV 的自恢复力矩来实现横滚角的自稳定，将六自由度模型降为五自由度模型进行研究[5]。动力学和运动学数学模型如下：

$$\begin{cases} M\dot{v} + C(v)v + D(v)v + g(\eta) = \tau + \tau_d \\ \dot{\eta} = J(\eta)v \end{cases} \tag{3-25}$$

式中，惯性系数矩阵 M、科氏力–向心力系数矩阵 $C(v)$、阻尼力矩阵 $D(v)$ 和恢复力矩阵 $g(\eta)$ 分别为：

$$M = \mathrm{diag}[m_{11}, m_{22}, m_{33}, m_{55}, m_{66}] \tag{3-26}$$

$$C(v) = \begin{bmatrix} 0 & 0 & 0 & m_{33}w & -m_{22}v \\ 0 & 0 & 0 & 0 & m_{11}u \\ 0 & 0 & 0 & -m_{11}u & 0 \\ -m_{33}w & 0 & m_{11}u & 0 & 0 \\ m_{22}v & -m_{11}u & 0 & 0 & 0 \end{bmatrix} \tag{3-27}$$

$$D = \mathrm{diag}[d_{11}, d_{22}, d_{33}, d_{55}, d_{66}] \tag{3-28}$$

$$g(\eta) = [0, 0, 0, mgz_G \sin\theta, 0]^{\mathrm{T}} \tag{3-29}$$

$$\tau = [\tau_u, 0, 0, \tau_q, \tau_r]^{\mathrm{T}} \tag{3-30}$$

τ_d 是 AUV 模型中环境的未知扰动引起的未知干扰量，由常数部分 $\overline{\tau}_d$ 和时变部分 $\hat{\tau}_d$ 组成[9]。

$$\tau_d = \overline{\tau}_d + \hat{\tau}_d = [\overline{\tau}_{ud} + \hat{\tau}_{ud}, \overline{\tau}_{vd} + \hat{\tau}_{vd}, \overline{\tau}_{wd} + \hat{\tau}_{wd}, \overline{\tau}_{qd} + \hat{\tau}_{qd}, \overline{\tau}_{rd} + \hat{\tau}_{rd}]^{\mathrm{T}} \tag{3-31}$$

相应地，旋转矩阵可以简化为：

$$J(\eta) = \begin{bmatrix} \cos\psi\cos\theta & -\sin\psi & \sin\theta\cos\psi & 0 & 0 \\ \sin\psi\cos\theta & \cos\psi & \sin\theta\sin\psi & 0 & 0 \\ -\sin\theta & 0 & \cos\theta & 0 & 0 \\ 0 & 0 & 0 & 1 & 0 \\ 0 & 0 & 0 & 0 & \dfrac{1}{\cos\theta} \end{bmatrix} \tag{3-32}$$

假设 AUV 的运动状态信息明确，不存在传感器引入的白噪声等干扰信号，速度矢量 v 是有界的，即存在一个正常数 v_m 使式（3-33）成立；时变环境扰动是可微分且有界的，即存在正常数 T_m 和 T_{dm} 使得式（3-34）成立。从能量的角度而言，AUV 的动力学和未知干扰都是有限的。

$$v_m \geqslant \max\left\{\|u\|,\|v\|,\|w\|,\|q\|,\|r\|\right\} \tag{3-33}$$

$$\begin{cases} T_m \geqslant \max\left\{\|\hat{\tau}_{ud}\|,\|\hat{\tau}_{vd}\|,\|\hat{\tau}_{wd}\|,\|\hat{\tau}_{qd}\|,\|\hat{\tau}_{rd}\|\right\} \\ T_{dm} \geqslant \max\left\{\|\dot{\hat{\tau}}_{ud}\|,\|\dot{\hat{\tau}}_{vd}\|,\|\dot{\hat{\tau}}_{wd}\|,\|\dot{\hat{\tau}}_{qd}\|,\|\dot{\hat{\tau}}_{rd}\|\right\} \end{cases} \tag{3-34}$$

3.3.2 三维空间编队模型

在传统领导－跟随者模型的三维编队结构中，跟随者与领导者的位置关系在大地坐标系下呈现常量偏移关系，这种结构在一些对队形要求严格的情况下并不适用，如水下管道、线缆检测等应用。因此，本节提出更完整的领导－跟随者三维编队结构，如图 3-4 所示。V_L 表示虚拟领导者，V_{Fi} 为虚拟跟随者，A_{Fi} 为实际跟随者 AUV。根据领导－跟随者模型，所有跟随者需要各自与领导者保持一个位置关系，其中虚拟跟随者为编队中跟随者所在的理想位置，每个虚拟跟随者 V_{Fi} 与虚拟领导者 V_L 保持稳定的几何位置关系。实际跟随者 A_{Fi} 需要各自跟随其对应的虚拟跟随者从而形成期望的队形[5]。

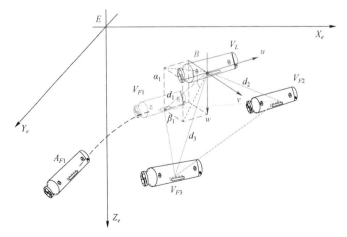

图 3-4 虚拟领导－跟随者编队模型

图 3-4 中虚拟跟随者的位置是由虚拟领导者位置和相应的偏移量组成，其中，偏移量采用极坐标系下的方向角度 α、β 和距离 d 表示。将极坐标下的偏移量转换到笛卡尔坐标系可得到 L_{Rx}、L_{Ry} 和 L_{Rz}：

$$\begin{cases} L_{Rx} = d\sin\beta\cos\alpha \\ L_{Ry} = d\sin\beta\sin\alpha \\ L_{Rz} = d\cos\alpha \end{cases} \tag{3-35}$$

由于相对位置偏移关系在领导者的随体坐标系中无法直接用于计算虚拟跟随者的位置，因此，需要将其旋转到大地坐标系下得到大地坐标系下的偏移量 L_{xR}、L_{yR} 和 L_{zR}，即乘以旋转矩阵：

$$\begin{bmatrix} L_{xR} \\ L_{yR} \\ L_{zR} \end{bmatrix} = \begin{bmatrix} \cos\psi_L\cos\theta_L & -\sin\psi_L & \sin\theta_L\cos\psi_L \\ \sin\psi_L\cos\theta_L & \cos\psi_L & \sin\theta_L\sin\psi_L \\ -\sin\theta_L & 0 & \cos\theta_L \end{bmatrix} \begin{bmatrix} L_{Rx} \\ L_{Ry} \\ L_{Rz} \end{bmatrix} \tag{3-36}$$

式中，θ_L 表示领导者的纵倾角，ψ_L 表示领导者的偏航角。

虚拟跟随者在大地坐标系下的位置 x_R、y_R 和 z_R 由虚拟领导者位置与相对偏移量叠加而成，具体表示如下：

$$\begin{cases} x_R = x_L - L_{xR} = x_L - d(\cos\psi_L\cos\theta_L\sin\beta\cos\alpha - \sin\psi_L\sin\alpha\sin\beta + \sin\theta_L\cos\psi_L\cos\beta) \\ y_R = y_L - L_{yR} = y_L - d(\sin\psi_L\cos\theta_L\cos\alpha\sin\beta + \cos\psi_L\sin\alpha\sin\beta + \sin\theta_L\sin\psi_L\cos\beta) \\ z_R = z_L - L_{zR} = z_L - d(-\sin\theta_L\cos\alpha\sin\beta + \cos\theta_L\cos\beta) \end{cases} \tag{3-37}$$

最后提出编队控制目标，期望编队的实现是控制实际跟随者 A_{Fi} 到达虚拟跟随者的位置 V_{Fi}，即 A_F 与 V_F 之间的位置误差为零：

$$\begin{cases} \lim_{t\to\infty}(x - x_R) = 0 \\ \lim_{t\to\infty}(y - y_R) = 0 \\ \lim_{t\to\infty}(z - z_R) = 0 \end{cases} \tag{3-38}$$

式中，x、y 和 z 是实际跟随者的位置。

3.4 基于反步法的编队控制方法

本节基于二维平面主从编队控制模型，借鉴反步控制法的思想设计编队控制方法。进而利用李雅普诺夫理论证明了在该控制策略下，AUV 集群系统能够达到稳定状态，并在 Matlab 平台上进行了仿真验证。

3.4.1 编队模型

本节采用了基于领导者跟随者的编队模型，通过领导者 AUV 的位置、姿态、速度等信息建立虚拟领导者，跟随者 AUV 动态地调节自身的状态，完成路径的跟随。假设多 AUV 系统模型由 N 台 AUV 组成，为了简单起见，假设它们处在恒定深度的平面运动，第 i 个 AUV 的状态可以用下式描述：

$$\dot{\eta}_i = J(\eta_i)v_i \qquad (3\text{-}39)$$

式中，$\eta_i = [x_i, y_i, \psi_i]^{\mathrm{T}}$ 表示在全局坐标系下第 i 个 AUV 的位置和姿态信息，$v_i = [u_i, v_i, r_i]^{\mathrm{T}}$ 表示第 i 个 AUV 在自身所在载体坐标系下的速度矢量。根据坐标系转换矩阵可知从全局坐标系到 AUV 载体坐标系的转换矩阵为：

$$J(\eta_i) = \begin{bmatrix} \cos(\psi_i) & \sin(\psi_i) & 0 \\ -\sin(\psi_i) & \cos(\psi_i) & 0 \\ 0 & 0 & 1 \end{bmatrix} \qquad (3\text{-}40)$$

在领导者–跟随者模型中，跟随者通过领导者的位置、姿态动态地调整自身的位置姿态。由于跟随者的轨迹是随领导者的运动而生成的，本节引入了虚拟领导者的概念，虚拟领导者是以领导者 AUV 为参考点，按照几何关系生成规划位置，因此，虚拟领导者本质上可以认为是跟随者 AUV 的理想位置。在笛卡尔坐标系中的多 AUV 系统运动模型如图 3-5 所示。

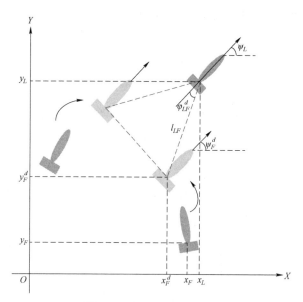

图 3-5　多 AUV 编队模型

图 3-5 中深灰色的 AUV 是 AUV 实际所在位置，浅灰色的 AUV 是编队模型中虚拟领导者的位置。假设编队队形为正三角形，控制律的目标就是让跟随者 AUV 运动到理想位置，并能在保持住队形和姿态的基础上跟随领导者 AUV 继续运动。$\boldsymbol{\eta}_L = [x_L, y_L, \psi_L]^{\mathrm{T}}$ 和 $\boldsymbol{\eta}_F = [x_F, y_F, \psi_F]^{\mathrm{T}}$ 分别表示领导者 AUV 和跟随者 AUV 的坐标及速度矢量。从图 3-5 可以看出，通过领导者的状态可以计算出跟随者 AUV 的理想坐标 (x_F^d, y_F^d, ψ_F^d)：

$$\begin{cases} x_F^d = x_L(t) - l_{LF} \cdot \cos(\psi_L(t) + \varphi_{LF}^d) \\ y_F^d = y_L(t) - l_{LF} \cdot \sin(\psi_L(t) + \varphi_{LF}^d) \\ \psi_F^d = \psi_L \end{cases} \tag{3-41}$$

式中，l_{LF} 和 φ_{LF}^d 分别是虚拟领导者与领导者 AUV 之间的距离与角度。考虑虚拟领导者位置及 AUV 的真实位置，全局误差 $Err_F = (\tilde{x}_F, \tilde{y}_F, \tilde{\psi}_F)$ 表示 AUV 的实际位置与理想位置的误差，其中 $\tilde{x}_F$、$\tilde{y}_F$、$\tilde{\psi}_F$ 分别表示 AUV 理想位置与 AUV 实际位置在全局坐标系下 X、Y 轴和航向角的误差。

全局坐标系下的 AUV 编队误差模型为：

$$\begin{cases} \tilde{x}_F = x_F^d - x_F \\ \tilde{y}_F = y_F^d - y_F \\ \tilde{\psi}_F = \psi_F^d - \psi_F \end{cases} \tag{3-42}$$

假设在整个 AUV 系统运动过程中，领导者 AUV 遵循以下约束：

$$\begin{cases} 0 < u_L \leqslant u_{max} \\ 0 < |r_L| \leqslant r_{max} \end{cases} \tag{3-43}$$

式中，u_{max} 和 r_{max} 分别是领导者 AUV 的最大线速度和角速度。

接下来分析跟随者 AUV 和它所对应的虚拟领导者之间关系，根据上述公式，以及坐标系转换矩阵将坐标原点固定在虚拟领导者 AUV，并建立载体坐标系，从而可得 AUV 载体坐标系误差模型：

$$\begin{cases} x_e = (x_L - x_F)\cos\psi_F + (y_L - y_F)\sin\psi_F \\ y_e = (y_L - y_F)\cos\psi_F + (x_L - x_F)\sin\psi_F \\ \psi_e = \psi_L - \psi_F \end{cases} \tag{3-44}$$

式中，x_e 表示虚拟领导者 AUV 与 AUV 实际位置在载体坐标系下的 X 轴误差，y_e 表示载体坐标系 Y 轴上的误差，ψ_e 表示虚拟领导者与 AUV 实际位置的航向角误差，$\psi_e \in (-2\pi, 2\pi)$。

定义转换成矩阵如下：

$$\begin{aligned} \begin{bmatrix} x_e \\ y_e \\ \psi_e \end{bmatrix} &= \begin{bmatrix} \cos\psi_F & \sin\psi_F & 0 \\ -\sin\psi_F & \cos\psi_F & 0 \\ 0 & 0 & 1 \end{bmatrix} \begin{bmatrix} x_L - x_F \\ y_L - y_F \\ \psi_L - \psi_F \end{bmatrix} \\ &= \begin{bmatrix} \cos\psi_F & \sin\psi_F & 0 \\ -\sin\psi_F & \cos\psi_F & 0 \\ 0 & 0 & 1 \end{bmatrix} \begin{bmatrix} \tilde{x}_F \\ \tilde{y}_F \\ \tilde{\psi}_F \end{bmatrix} \end{aligned} \tag{3-45}$$

通过执行上述变换，跟随者的位置将从全局坐标转换为载体坐标。在载体坐标系中，对误差求微分可得领导者和跟随者之间动态误差的微分模型：

$$\begin{cases} \dot{x}_e = r_F y_e - u_F + u_L \cos\psi_e \\ \dot{y}_e = -r_F x_e + u_L \sin\psi_e \\ \dot{\psi}_e = r_L - r_F \end{cases} \tag{3-46}$$

因此，本节编队控制的设计目标是设计合适的控制律，以减小 AUV 实际位置与虚拟领导者之间的误差，如下式所示：

$$\begin{cases} \lim_{t \to \infty} x_e = 0 \\ \lim_{t \to \infty} y_e = 0 \\ \lim_{t \to \infty} \psi_e = 0 \end{cases} \tag{3-47}$$

3.4.2　控制器设计

AUV 运动学控制器模型如图 3-6 所示，将虚拟领导者的状态与自身的位置和姿态信息输入到运动学控制器模型可计算出当前时刻的理想速度与角速度，同时更新自身位姿，最终形成优化的闭环控制。

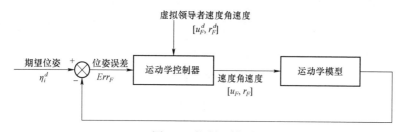

图 3-6　控制器模型

为了实现 AUV 编队的全局轨迹跟踪控制，定义如下数学变换：

$$\begin{cases} \varepsilon_1 = x_e \\ \varepsilon_2 = y_e \\ \varepsilon_3 = \psi_e \\ \varepsilon_4 = r_F - u_1 \end{cases} \tag{3-48}$$

式中，u_1 为引入的虚拟变量，将式（3-48）代入微分误差方程式（3-46），可得：

$$\begin{cases} \dot{\varepsilon}_1 = u_L \cos \varepsilon_3 - u_F + \varepsilon_2 \varepsilon_4 + u_1 \varepsilon_2 \\ \dot{\varepsilon}_2 = u_L \sin \varepsilon_3 - \varepsilon_1 \varepsilon_4 + u_1 \varepsilon_1 \\ \dot{\varepsilon}_3 = r_L - \varepsilon_4 - u_1 \\ \dot{\varepsilon}_4 = u_2 \end{cases} \tag{3-49}$$

式中，$u_2 = \dot{r}_F - \dot{u}_1$，因此可将式（3-49）表示为：

$$\begin{cases} \dot{\varepsilon}_i = f_i(\boldsymbol{\varepsilon}, u_L, u_1) + g_i(\boldsymbol{\varepsilon})\varepsilon_4, i = 1,2,3; \\ \dot{\varepsilon}_4 = u_2 \end{cases} \quad (3\text{-}50)$$

定义矩阵如下：$\boldsymbol{\varepsilon} = [\varepsilon_1, \varepsilon_2, \varepsilon_3]^{\mathrm{T}}$。$f_i$ 和 g_i 为函数集合，如式（3-51）和式（3-52）：

$$\begin{cases} f_1 = u_L \cos\varepsilon_3 + u_1\varepsilon_2 - u_F \\ f_2 = u_L \sin\varepsilon_3 - u_1\varepsilon_1 \\ f_3 = r_L - u_1 \end{cases} \quad (3\text{-}51)$$

$$\begin{cases} g_1 = \varepsilon_2 \\ g_2 = -\varepsilon_1 \\ g_3 = -1 \end{cases} \quad (3\text{-}52)$$

根据式（3-49）可知，该控制器系统可以看作是一个通过积分环节串联的非线性系统，因此可利用反步控制法思想。根据李雅普诺夫定理可知，如果可以证明 u_L、$\dot{u}_L$、r_L 和 $\dot{r}_L$ 有界且 $u_L > 0$，存在控制律使得上式所描述的误差系统渐进稳定。本节首先选取式（3-49）中的第 1 个子系统如下：

$$\begin{cases} \dot{\varepsilon}_1 = f_1(\boldsymbol{\varepsilon}, u_L, u_1) \\ \dot{\varepsilon}_2 = f_2(\boldsymbol{\varepsilon}, u_L, u_1) \\ \dot{\varepsilon}_3 = f_3(\boldsymbol{\varepsilon}, u_L, u_1) \end{cases} \quad (3\text{ }53)$$

为该子系统设计一个李雅普诺夫函数，如式（3-54）所示：

$$V_1 = \frac{1}{2}(\varepsilon_1{}^2 + \varepsilon_2{}^2) + \frac{1 - \cos\varepsilon_3}{k_2} \quad (3\text{-}54)$$

可以选取如下的控制律：

$$\begin{cases} u_F = u_L \cos\varepsilon_3 + k_1\varepsilon_1 \\ u_1 = r_L + k_2\varepsilon_2 u_L + M \end{cases} \quad (3\text{-}55)$$

式中，$M = \sin\varepsilon_3 / k_3$，$k_1$、$k_2$、$k_3$ 都是大于 0 的常数，则可得到如下公式：

$$\begin{aligned} \dot{V}_1 &= \dot{\varepsilon}_1\varepsilon_1 + \dot{\varepsilon}_2\varepsilon_2 + \dot{\varepsilon}_2 \sin\varepsilon_3 / k_2 \\ &= \varepsilon_1(u_L \cos\varepsilon_3 - u_F + u_1\varepsilon_2) + \varepsilon_2(u_L \sin\varepsilon_3 - u_L\varepsilon_1) + \sin\varepsilon_3 / k_2 \cdot (r_L - u_1) \\ &= \varepsilon_1(u_L \cos\varepsilon_3 - u_F) + \varepsilon_2(u_L \sin\varepsilon_3) + \sin\varepsilon_3(-k_2\varepsilon_2 u_L - M) / k_2 \\ &= -k_1\varepsilon_1{}^2 - \sin\varepsilon_3 \cdot M / k_2 \\ &= -k_1\varepsilon_1{}^2 - \sin^2\varepsilon_3 \cdot M / k_2 k_3 \\ &< 0 \end{aligned}$$

$$(3\text{-}56)$$

可知 $\dot{V}_1$ 负定，由李雅普诺夫定理可知，在如式（3-55）所示的控制律作用下，如式（3-53）所示的系统能够渐进稳定。进一步为式（3-49）所示的系统设计一个李雅普诺夫函数，如下式所示：

$$V(\varepsilon_1,\varepsilon_2,\varepsilon_3,\varepsilon_4)=V_1(\varepsilon_1,\varepsilon_2,\varepsilon_3)+\frac{1}{2}\varepsilon_4{}^2 \tag{3-57}$$

设计如下控制律：

$$\begin{cases} u_F=u_L\cos\varepsilon_3+k_1\varepsilon_1 \\ u_2=-k_4\varepsilon_4+\sin\varepsilon_3/k_2 \end{cases} \tag{3-58}$$

代入式（3-57）可得：

$$\begin{aligned} \dot{V} &=\sum_{i=0}^{3}\frac{\partial V_1}{\partial\varepsilon_i}f_i+\left(\sum_{i=0}^{3}\frac{\partial V_1}{\partial\varepsilon_i}g_i+u_2\right)\varepsilon_4 \\ &=-k_1\varepsilon_1{}^2-\sin^2\varepsilon_3/k_2k_3+(-\sin\varepsilon_3/k_2+u_2)\varepsilon_4 \\ &=-k_1\varepsilon_1{}^2-\sin^2\varepsilon_3/k_2k_3-k_4\varepsilon_4{}^2 \\ &<0 \end{aligned} \tag{3-59}$$

由于 $\dot{V}$ 负定，因此，在如式（3-58）所示控制律的作用下，如式（3-49）所示的系统能够获得渐进稳定，由式（3-48）可知，如式（3-46）所示的系统与如式（3-49）所示的系统能够获得渐进稳定。

综上所述，本节提出的 AUV 集群编队系统的控制律定义如下：

$$\begin{cases} u_F=u_L\cos\varepsilon_3+k_1\varepsilon_1 \\ \sin\varepsilon_3/k_2-k_4\varepsilon_4=\dot{r}_F-\dot{u}_1 \end{cases} \tag{3-60}$$

也可以表示为：

$$\begin{cases} u_F=u_L\cos\psi_e+k_1x_e \\ (\dot{r}_F-\dot{u}_1)+k_4(r_F-u_1)=\dfrac{\sin\psi_e}{k_2} \end{cases} \tag{3-61}$$

其中 k_1、k_2、k_3、k_4 都为常数，u_1 为虚拟控制输入，如下式所示。

$$u_1=r_L+k_2y_eu_L+\frac{\sin\psi_e}{k_3} \tag{3-62}$$

3.4.3 仿真结果

为了验证本节控制方法的可行性，利用 Matlab R2016a 软件平台对一个领导者 AUV、两个跟随者 AUV 的情况进行编队仿真。三台 AUV 在坐标系原点周围随机部署，假设有海流等环境因素的干扰，选取 [−0.15，0.15] 的白噪声强度。仿真主要参数见表 3-3，主要是控制律中的四个参数取值。

表 3-3　仿真参数

参数	取值
k_1	1
k_2	1
k_3	0.5
k_4	0.8

多 AUV 集群编队仿真结果如图 3-7 所示，图 3-7（a）为理想的编队轨迹，图 3-7（b）为编队控制策略下的编队轨迹。

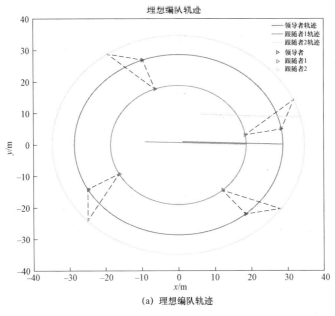

(a) 理想编队轨迹

图 3-7　仿真轨迹图

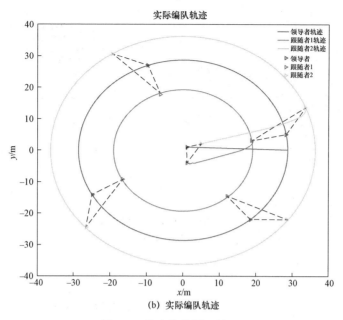

（b）实际编队轨迹

图 3-7　仿真轨迹图（续）

由图 3-7 所示的 AUV 仿真轨迹图可以看出，在本节设计的编队控制器作用下，AUV 编队轨迹与理想状态接近，编队效果良好。两台跟随者 AUV 的速度、角速度分别如图 3-8（a）和（b）所示。跟随者误差定义为跟随者的实际位置与期望位置差值的绝对值。两台跟随者 AUV 的误差变化曲线图如图 3-9（a）和（b）所示，红色、黑色、蓝色分别表示 X 轴、Y 轴和航向角的误差曲线。

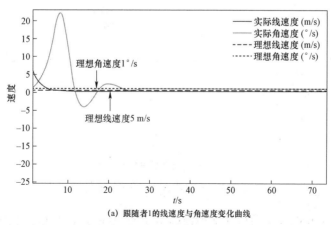

（a）跟随者1的线速度与角速度变化曲线

图 3-8　跟随者 AUV 线速度与角速度

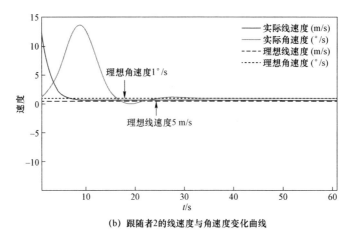

(b) 跟随者2的线速度与角速度变化曲线

图 3-8　跟随者 AUV 线速度与角速度（续）

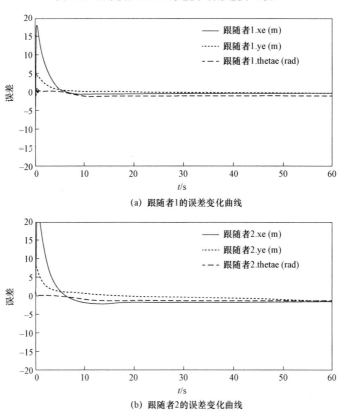

(a) 跟随者1的误差变化曲线

(b) 跟随者2的误差变化曲线

图 3-9　跟随者 AUV 的误差曲线

从图 3-8 和图 3-9 的仿真结果图中可以看出两台 AUV 的线速度和角速度随着时间变化逐渐趋于稳定。虽然在编队初始时刻的位置误差较大，随着编队过程的不断推进，跟随误差也渐渐趋近零，从而验证本节提出的控制律能够保证良好的编队队形[8]。

3.5 基于自抗扰控制器的编队控制方法

针对未知环境干扰等问题，本节介绍一种基于自抗扰控制器的多 AUV 编队控制框架：上层是基于领导–跟随控制律的编队算法，下层是基于自抗扰控制（ADRC）的动态控制器。编队控制器负责计算跟随 AUV 的理论位置数值，基于自抗扰控制的动态控制器负责跟踪位置数值。利用李雅普诺夫稳定性方法分析了该算法的稳定性和收敛性。最后数值仿真验证了控制框架的有效性。

3.5.1 编队控制律设计

本节重点介绍两种简单的 AUV 编队，包括单线型和 V 型，如图 3-10 所示。编队控制的目标是根据需要切换并保持单线形和 V 形。在不失通用性的前提下，设计了适用于一个领导者和多个跟随者的编队控制律。为了简化分析，使用如图 3-11 所示的二维几何模型来推导编队控制定理和方法。假设所有的 AUV 都能获取自身位置，通过水声调制解调器相互通信。领导者 AUV 不断向两个跟随 AUV 广播其实时位置信息，两个跟随 AUV 通过预定义的编队控制策略达到所需的姿态，最终三个 AUV 将按需改变队形或以特定队形巡航。

如图 3-11 所示，期望跟随者 AUV 在角度上与领导者 AUV 保持相同的航向角，在位置上与领导者 AUV 保持期望的相对位置。考虑主从 AUV，一个作为领导者，一个作为跟随者。令 $\boldsymbol{\eta}_L = [x_L, y_L, \psi_L]^T$ 和 $\boldsymbol{\eta}_F = [x_F, y_F, \psi_F]^T$ 分别为领导者 AUV 和跟随者 AUV 在大地坐标系下的坐标和角度向量。跟随者的状态误差 $Er_F = (\tilde{x}_F, \tilde{y}_F, \tilde{\psi}_F)$ 定义为：

$$\begin{cases} \tilde{x}_F = x_F^d - x_F - d_{FL}^x \\ \tilde{y}_F = y_F^d - y_F - d_{FL}^y \\ \tilde{\psi}_F = \psi_F^d - \psi_F \end{cases} \tag{3-63}$$

式中，(d_{FL}^x, d_{FL}^y) 是跟随者 AUV 和领导者 AUV 之间期望相对位置。

假设在 AUV 系统运动过程中，领导者 AUV 遵循以下约束条件：

$$\begin{cases} 0 < u_L \leqslant u_{max} \\ 0 < |r_L| \leqslant r_{max} \end{cases} \tag{3-64}$$

式中，r_{max} 和 u_{max} 是 AUV 的最大角速度和最大线速度。

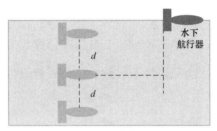

(a) 队形1（单线形）

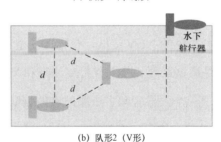

(b) 队形2（V形）

图 3-10 两种编队控制模式

如图 3-11 所示，坐标系 Oxy 是惯性参考系。以跟随者的中心为原点建立 Γ 坐标 $O_F x_F y_F$，该坐标的 x_F 方向和跟随者 AUV 的航向方向一致。在此基础上，规定如下坐标变换：

$$\begin{bmatrix} x_e \\ y_e \\ \psi_e \end{bmatrix} = \begin{bmatrix} \cos\psi_F & \sin\psi_F & 0 \\ -\sin\psi_F & \cos\psi_F & 0 \\ 0 & 0 & 1 \end{bmatrix} \begin{bmatrix} \tilde{x}_F \\ \tilde{y}_F \\ \tilde{\psi}_F \end{bmatrix} \tag{3-65}$$

其中 (x_e, y_e, ψ_e) 表示 Γ 坐标下的跟踪误差，ψ_e 满足 $\psi_e \in (-2\pi, 2\pi)$。通过变换式（3-63）和式（3-65），领导者的位置从惯性坐标系变为 Γ 坐标。在 Γ 坐标下，跟随者和领导者之间的误差动力学可以描述为：

$$\begin{cases} \dot{x}_e = r_F y_e - u_F + u_L \cos\psi_e \\ \dot{y}_e = -r_F x_e + u_L \sin\psi_e \\ \dot{\psi}_e = r_L - r_F \end{cases} \tag{3-66}$$

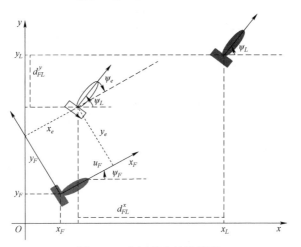

图 3-11　坐标系和编队模型

引理：如果有界标量函数 $\phi(t)$ 满足当 $t \to \infty$ 时 $\phi \to 0$，并且 $\dot{\phi} = -\phi + f(t)$，其中 $f(t)$ 有界且连续，当 $t \to \infty$ 时 $\dot{\phi} \to 0$ 同时 $f(t) \to 0$。

通过设计期望输入 u_F^d 和 r_F^d 给跟随者 AUV 来解决轨迹跟踪问题：

$$\begin{cases} u_F = u_F^d = u_L \cos\psi_e + \xi_1 \\ r_F = r_F^d = r_L + k u_L y_e + \xi_2 \end{cases} \tag{3-67}$$

式中，k 为正数，变量 ξ_1 和 ξ_2 由下式可得：

$$\begin{cases} \dot{\xi}_1 = -\xi_1 + \alpha x_e \\ \dot{\xi}_2 = -\xi_2 + \beta \sin\psi_e \end{cases} \tag{3-68}$$

式中，α 和 β 为常数，$\xi_1(0) = \xi_2(0) = 0$。

定理：考虑运动控制律（3-67）下的误差动力学（3-66）。如果参数 k、α 和 β 满足以下条件：

$$\begin{cases} \alpha > 0 \\ \beta > 0 \\ x_e^2(0) + y_e^2(0) + \dfrac{2(1 - \cos\psi_e(0))}{k} + \dfrac{\xi_1^2(0)}{\alpha} + \dfrac{\xi_2^2(0)}{k\beta} < \dfrac{4}{k} \end{cases} \tag{3-69}$$

则跟踪误差系统（3-66）将收敛到假设的原点。

证明：对于动态系统（3-66），李雅普诺夫函数可设计如下：

$$V = \frac{1}{2}(x_e^2 + y_e^2) + \frac{1 - \cos(\psi_e)}{k} + \frac{\xi_1^2}{2\alpha} + \frac{\xi_2^2}{2k\beta} \tag{3-70}$$

对李雅普诺夫函数 V 求导可得：

$$
\begin{aligned}
\dot{V} &= x_e \dot{x}_e + y_e \dot{y}_e + \dot{\psi}_e \sin(\psi_e) + \frac{\dot{\xi}_1 \xi_1}{\alpha} + \frac{\xi_2 \dot{\xi}_2}{k\beta} \\
&= -\frac{\xi_1^2}{\alpha} - \frac{\xi_2^2}{k\beta}
\end{aligned}
\tag{3-71}
$$

联合式（3-67）和式（3-68），可以推导出 $\dot{V} \leq 0$，当且仅当 $x_e = 0$，$\psi_e = 0$ 时 $\dot{V} = 0$。此外通过式（3-66）和式（3-68），可以得到：

$$\dot{\psi}_e = -ku_L y_e - \xi_2 \tag{3-72}$$

因为 $ku_L y_e$ 和 ξ_2 是一致连续的，可得 $\dot{\psi}_e$ 是一致连续。由于 $\sin \psi_e = 0$，

$\int_0^\infty \dot{\psi}_e \mathrm{d}t = \psi_e(\infty) - \psi_e(0)$ 是有限的，应用 Barbalat 引理得到 $\dot{\psi}_e \to 0$。由 $\xi_2 = 0$ 和

$u_L > 0$，可以得到 $y_e = 0$。由 LaSalle 不变性原理可以推导出：当 $t \to \infty$ 时，$y_e \to 0$，$\xi_1 \to 0$，$\xi_2 \to 0$，$x_e \to 0$。当 $\sin \psi_e = 0$ 时，$\cos \psi_e = -1$ 或 $\cos \psi_e = 1$。实际上，由于 V 是非递增的，$\cos \psi_e = -1$ 导致了 $V(\infty) = (2/k) > V(0)$ 的矛盾，则原点是一个局部渐近稳定点。

在编队控制器设计的基础上，设计一个动态控制器来跟踪编队控制器为跟随者（u_F^d 和 r_F^d）提供的参考状态。我们提出了基于自抗扰控制器的动态跟踪控制方法。自抗扰控制方法是一种针对不确定系统的非线性控制方法，它可以自动估计模型内部的不确定性和外部干扰，并对其进行实时补偿。此外，基于自抗扰控制器的动态控制器与 AUV 模型无关，对 AUV 模型参数的变化不敏感。自抗扰控制方法由跟踪微分器（TD）、扩展状态观测器（ESO）和非线性状态误差反馈控制律（NLSEF）三个重要部分组成[9]。图 3-12 为基于自抗扰控制器的 AUV 动态控制器框图。基于自抗扰控制器的动态控制器各

个部分设计如下：

$$v_1(\kappa+1) = v_1(\kappa) + hv_2(\kappa) \tag{3-73}$$

$$v_2(\kappa+1) = v_2(\kappa) + h\,\mathrm{fhan}(v_1(\kappa)-v_d(\kappa), v_2(\kappa), \gamma, h_0) \tag{3-74}$$

式中，$v_d(\kappa)$ 表示输入信号，$v_1(\kappa)$ 表示 $v_d(\kappa)$ 的跟踪信号，$v_2(\kappa)$ 表示 $v_d(\kappa)$ 的导数，h 是样本量，$\mathrm{fhan}(\omega, \chi, \gamma, h_0)$ 是时间最优积分函数。

$$d = \gamma h_0 \tag{3-75}$$

$$d_0 = h_0 d \tag{3-76}$$

$$\zeta = \omega + h_0 \chi \tag{3-77}$$

$$l_0 = \sqrt{d^2 + 8\gamma|\zeta|} \tag{3-78}$$

$$\iota = \begin{cases} \chi + \dfrac{l_0 - d}{2}\mathrm{sign}(\zeta), & |\zeta| > d_0 \\ \chi + \dfrac{\zeta}{h_0}, & |\zeta| \leqslant d_0 \end{cases} \tag{3-79}$$

$$\mathrm{fhan}(w, \chi, \gamma, h_0) = \begin{cases} -\gamma\,\mathrm{sign}(l), & |l| > d \\ \dfrac{-\gamma l}{d}, & |l| \leqslant d \end{cases} \tag{3-80}$$

式中，$\mathrm{sign}(\cdot)$ 是标准符号函数，γ 表示可调速度因子，h_0 表示一个过滤因子。

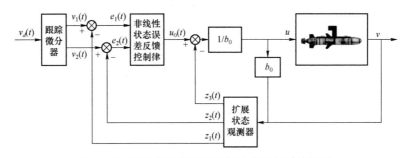

图 3-12　基于自抗扰控制器的动态控制系统框图

扩展状态观测器，用于在线估计系统状态和总动力学，包括内部非线性动力学和外部未知扰动。扩展状态观测器是自抗扰控制方法的核心组成部分。动态控制器的三阶 ESO 设计如下：

$$e = z_1(\kappa) - v(\kappa) \tag{3-81}$$

$$z_1(\kappa+1) = z_1(\kappa) + h(z_2(\kappa) - \beta_1 e) \qquad (3\text{-}82)$$

$$z_2(\kappa+1) = z_2(\kappa) + h(z_3(\kappa) - \beta_2 \mathrm{fal}(e, \varepsilon_1, \delta_1) + u_0(\kappa)) \qquad (3\text{-}83)$$

$$z_3(\kappa+1) = z_3(\kappa) + h(-\beta_3 \mathrm{fal}(e, \varepsilon_2, \delta_1)) \qquad (3\text{-}84)$$

式中，e 表示 z_1 与 υ 之间的误差，υ 为系统输出状态，z_1 和 z_2 是状态的估计值，z_3 表示扩展状态代表系统总扰动的估定值，β_1、β_2 和 β_3 为观测器增益系数，u_0 为补偿前的中间控制信号，ε_1 和 ε_2 为可调参数，δ_1 表示线性区间的长度，$\mathrm{fal}(\bullet)$ 是一个非线性函数。

$$\mathrm{fal}(e,\varepsilon,\delta) = \begin{cases} -|e|^{\varepsilon}\,\mathrm{sign}(e), & |e| > \delta \\ e\delta^{\varepsilon-1}, & |e| \leq \delta \end{cases} \qquad (3\text{-}85)$$

非线性状态误差反馈对 AUV 进行了全系统扰动及时补偿控制。NLSEF 通过特殊的非线性状态误差反馈函数，将 TD 提供的输出状态和 ESO 提供的系统信号适当地结合起来，得到虚拟输入 u_0。系统状态的错误可以写为：

$$e_1 = \upsilon_1 - z_1 \qquad (3\text{-}86)$$

$$e_2 = \upsilon_2 - z_2 \qquad (3\text{-}87)$$

式中，e_1 和 e_2 表示系统与估计信号之差。虚拟控制输入 u_0 可以写为：

$$u_0 = \beta_4 \mathrm{fal}(e_1, a_1, \delta_2) + \beta_5 \mathrm{fal}(e_2, a_2, \delta_2) \qquad (3\text{-}88)$$

式中，β_4 和 β_5 为控制增益系数，a_1 和 a_2 表示可调参数，δ_2 表示线性区间的长度。

本节用 z_3 来补偿扰动和模型的不确定性，控制律可以表示为：

$$u = \frac{u_0 - z_3}{b_0} \qquad (3\text{-}89)$$

式中，b_0 为可调补偿系数。

此外，对于第 i 个 AUV 采用两种 ADRC 控制器（控制律 u_{iu} 和 u_{ir}）实时跟踪参考值（u_F^d 和 r_F^d），所施加的力和力矩矢量 $\boldsymbol{\tau}_i = [\tau_{iu}, 0, \tau_{ir}]^{\mathrm{T}}$ 可表示为 $[u_{iu}, 0, u_{ir}]^{\mathrm{T}}$。

3.5.2 仿真结果

表 3-4 列举了 AUV 的一些动力学参数，表 3-5 列举了上述控制方法中

AUV 的控制参数。仿真考虑了一对跟随者 AUV 和一个领导者 AUV 的情况。跟随者 AUV 1 和跟随者 AUV 2 在 V 型中分别保持与领导者的相对位置 $(-8,2)$ 和 $(2,8)$。在单线模式下，跟随者 AUV 1 和跟随者 AUV 2 将分别与领导者 AUV 保持相对位置 $(4,-7)$ 和 $(-4,7)$。三个 AUV 在坐标原点周围随机部署。

表 3-4　AUV 的动力学参数

参数	值	参数	值
m_{11}	55	d_{11}	20
m_{22}	70	d_{22}	27
m_{33}	70	d_{33}	27

表 3-5　AUV 的控制参数

参数	值	参数	值
k	5	α	0.6
β	0.8	γ	2
h_0	0.01	β_1	100
β_2	300	β_3	450
ε_1	0.5	ε_2	0.5
δ_1	0.1	β_4	65
β_5	45	b_0	1
α_1	0.75	a_2	1.25
δ_2	0.2	h	0.01

整个编队运动模拟结果如图 3-13 所示。在整个过程中形成了单线型和 V 型两种队形。从图 3-13 中可以明显看出，采用本节提出的控制方法，编队从 V 形模式切换到单线模式的过程。在编队重构过程中，跟随者 AUV 的线速度、位置和方向的演变分别如图 3-14 和图 3-15 所示。由图 3-14 和图 3-15 可以看出，除了编队重新配置间隔时刻外，位置和航向误差都有界于零附近，这意味着编队模式也是稳定的。图 3-14 和图 3-15 的结果表明了编队控制算法的有效性，可以驱动跟随者跟踪领导者而不发生碰撞，并且对环境扰动具有较强的鲁棒性[10]。

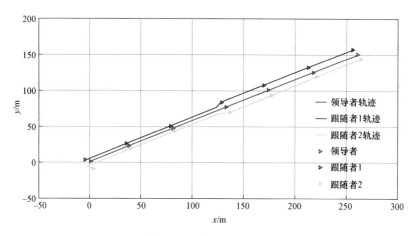

图 3-13　编队重置结果

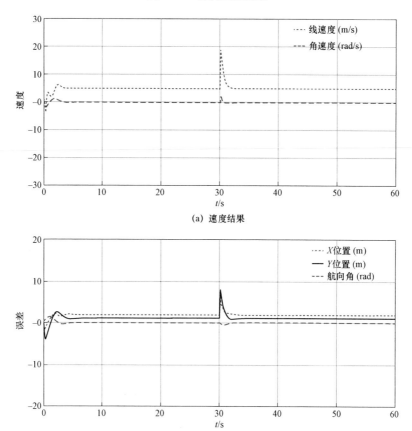

(a) 速度结果

(b) 位置和方向误差

图 3-14　跟随者 AUV 1

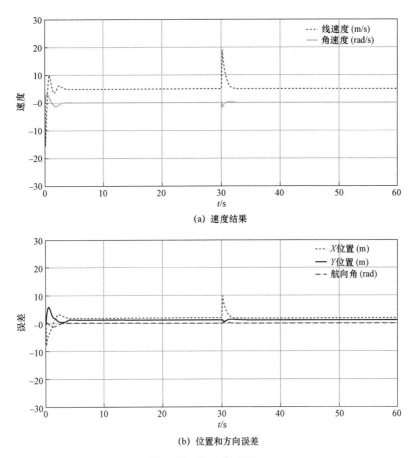

图 3-15　跟随者 AUV 2

3.6　本章小结

　　本章研究了主从架构集群编队控制方法，首先，介绍六自由度 AUV 数学模型，包括 AUV 运动学模型和 AUV 动力学模型，为描述后续编队控制奠定基础。其次，分析编队误差方程，并建立二维平面编队模型和三维空间编队模型。再次，设计基于反步法的编队控制方法，利用反步法确保编队控制的稳定性；设计基于自抗扰控制器的编队控制方法，采用自抗扰控制来处理 AUV 的参数不确定性和未知扰动。最后，仿真分析了所提出的编队控制方法的性能。

参考文献

［1］ 李娟，袁锐锟，张宏瀚. 基于领航跟随法的多 AUV 编队控制算法研究 ［J］. 仪器仪表学报，2019，40（6）：237-246.

［2］ WANG X，ZERR B，THOMAS H，et al. Pattern formation of multi-AUV systems with the optical sensor based on displacement-based formation control ［J］. International Journal of Systems Science，2020，51（2）：348-367.

［3］ LI X，ZHU D. An Adaptive SOM Neural Network Method to Distributed Formation Control of a Group of AUVs［J］. IEEE Transactions on Industrial Electronics，2018，65（10）：8260-8270.

［4］ PANAGOU D ， KUMAR V. Cooperative visibility maintenance for leader-follower formations in obstacle environments ［J］. IEEE Transactions on Robotics，2014，30（4）：831-844.

［5］ SHEN C，SHI Y. Distributed implementation of nonlinear model predictive control for AUV trajectory tracking ［J］. Automatica，2020，115：1-9.

［6］ PAN W，JIANG D，PANG Y，et al. Distributed formation control of autonomous underwater vehicles based on flocking and consensus algorithms ［C］//Intelligent Robotics and Applications：10th International Conference，ICIRA 2017，Wuhan，China，August 16-18，2017，Proceedings，Part I 10. Springer International Publishing，2017：735-744.

［7］ GAO H，CHENG B，WANG J，et al. Object classification using CNN-based fusion of vision and LIDAR in autonomous vehicle environment ［J］. IEEE Transactions on Industrial Informatics，2018，14（9）：4224-4231.

［8］ 蔡文郁，杨俊雷，官靖凯. 基于反步控制的多 AUV 编队控制方法研究 ［J］. 传感技术学报，2021，34（6）：778-783.

［9］ WU Z，YU J，YUAN J，et al. Towards a gliding robotic dolphin：Design，modeling，and experiments［J］. IEEE/ASME Transactions on Mechatronics，2019，24（1）：260-270.

［10］ WANG C，CAI W，LU J，et al. Design，Modeling，Control，and Experiments for Multiple AUVs Formation［J］. IEEE Transactions on Automation Science and Engineering，2022，19（4）：2776-2787.

第 4 章　水声信道约束的
编队控制方法

多智能体协同完成复杂任务的能力依赖于智能体之间的合理协调，而协调主要依赖于智能体间的信息交互，因此，智能体间的通信是实现智能体编队控制的关键。本章介绍了 4 种主要编队通信方式，并研究了基于水声通信预测与数据补偿的编队控制方法和基于事件驱动主从通信触发的编队控制方法，通过对水声信道的特性进行建模与分析，设计了相应的控制策略和编队控制律，以提高 AUV 编队控制的性能和稳定性。

4.1　编队通信技术

4.1.1　主要通信技术简介

目前，AUV 编队控制的主要通信技术包括水声通信、光学通信、射频通信和磁感应通信。水声通信具有中远通信距离，可以较好地应用于 AUV 编队通信场景[1]；光学通信易受外界环境影响，适用于水下中等距离下大数据量传输场景；射频通信和磁感应通信适用于水下短距离通信场景。

（1）水声通信

水声通信是一种广泛用于水下环境的无线通信技术，基本原理是用数字信号调制声波，然后由水下换能器发送和接收[2]。水声通信容易受环境因素的影响，如环境噪声、多径反射和多普勒效应，这些因素会降低信号质量与数据传输速率。水声通信具有以下特点。

① 容易受环境因素影响，水温、盐度、海浪、鱼群、螺旋桨等干扰源易影响声学信号传播。

② 存在多径效应和多普勒效应。由于传输路径长度差异，导致接收设备在不同时刻可能多次接收同一声学信号。当声源或接收器在水中移动时，导致声波频率或波长的变化，进而影响接收设备的通信处理。

③ 通信速率较低，水下环境的复杂性导致水声通信的带宽较为有限。

④ 声学信号容易干扰各种水下生物的正常活动与生活。

（2）光学通信

光学通信是指利用可见光进行数据传输[3]。在水质良好的环境下，光学通信的传输速率可达 100 Mb/s。由于蓝色光和绿色光在水下的穿透力比其他波长的光的穿透力更强。因此，水下光学通信系统通常采用蓝/绿色激光器或 LED 作为光源，通过调制光的强度或相位实现信息编码。光学通信具有以下特点。

① 容易受散射现象和吸收效应影响，当水中悬浮颗粒和微生物较多时，蓝绿光易散射现象。此外，浑浊水域同样影响光信号的透过率。

② 容易受其他光源干扰，在处理光信号时，人工光源易干扰通信。

③ 通信稳定性较差，由于水下光学通信要求高精度瞄准与实时跟踪，导致光通信仅适用于中短距离通信，通信过程的遮挡现象易导致通信失败。

④ 通信过程容易被敌方发现。

（3）射频通信

射频通信是指利用无线电波进行信息传输[4]。对无线电波而言，水是一种导电介质，导致无线电波出现趋肤效应，进而对其传播产生较大的损耗。此外，相关实验表明，低频率的无线电波才能在导电的海水中传播，但是通信距离仅能达到 6～8 m。直到上世纪 60 年代，科学家致力于研究水下射频通信系统。部分学者发现频率为 30～300Hz 的超低频通信系统可实现水下通信要求，但该系统要求 AUV 必须搭载足够长的通信天线，且发射功率必须达到兆瓦级。此外，该系统的通信速率仅能满足 AUV 的简单信息交互，无法实现水下环境的高效率通信。射频通信具有以下特点。

① 通信速率满足浅水短距离的双工通信。

② 不易受海浪、鱼群、螺旋桨等干扰的影响，能在低可见度环境中正常工作。

③ 水下通信传播速度快低，通信延迟低。

（4）磁感应通信

磁感应通信是指利用磁感应原理所产生的时变磁场进行数据传输[5]。当发送端输入交变电流时，发送端与接收端之间形成时变磁场，导致接收端线圈中磁通量随时间发生变化，可利用磁通量的变化程度还原出原始信号。磁感应通信具有以下特点。

① 高传输速率，由于磁场变化速度较快，磁感应通信可实现高速率的数据传输。

② 支持全向通信，磁感应通信具有全向性，磁感应信号可在多个方向进行传播，而且不受障碍物遮挡影响。

③ 制作成本低廉，磁感应通信的收发天线可由普通铜导线制作。

④ 容易受环境影响，海水的导电性导致磁感应信号的传输损耗，线圈方向性较为敏感。

4.1.2　主要通信技术性能比较

水声通信、光学通信、射频通信和磁感应通信具有不同的优势和局限性，表 4-1 列举了相应技术的部分性能参数。

表 4-1　水下通信技术对比

通信技术	水声通信	光学通信	射频通信	磁感应通信
信号类型	声波	光波	电磁波	磁场
传播速度	1.5×10^3 m/s	$2.2 \times 10^8 \sim$ 3×10^8 m/s	3×10^8 m/s	3×10^8 m/s

续表

通信技术	水声通信	光学通信	射频通信	磁感应通信
频率	最高至 100 kHz	$10^{14}\sim10^{15}$ Hz	兆赫级	兆赫级
传输范围	50 m~100 km	1 m~100 m	约 15 m	10~100 m
天线尺寸	约 0.1 m	约 0.1 m	约 0.5 m	线圈
特性	长距离传输	通信速率高、通信延迟低、功耗低	通信速率高、不易受环境影响、不易影响水生生物	跨介质传输、通信速率高、全向通信、制作成本低
不足	易受环境影响、通信延迟高、通信速率低、易影响水生生物	易受散射现象和吸收效应影响、通信稳定性差	通信范围较短、天线尺寸大	海水的导电性影响传输损耗、线圈方向敏感

下面具体从传输范围、传播速度、通信延迟三方面着手分析比较以上四种水下无线通信技术性能。

（1）传输范围比较

水声通信凭借其纵波特性，传输过程中不考虑衰减，传输范围从 50 m 延伸至 100 km。光学通信的传输范围受水中微小颗粒影响，易产生散射现象和吸收效应，导致通信信息无法顺利传播，传输范围通常在 100 m 之内。射频通信所产生的无线电波易受水中带电粒子的影响，导致其在水中衰减严重化，其中，低频率无线电波的通信距离为 6~8 m，高频率无线电波也仅有 15 m 的通信距离。磁感应通信的传输范围受到线圈方向和海水导电性影响，通信距离一般为 10~100 m。

（2）传播速度比较

水声通信因通信信道的不确定性与带宽限制（仅为 50 kHz），导致其传播速度为 1.5×10^3 m/s；光学通信不会产生延迟，其传播速度可达到 $2.2\times10^8\sim3\times10^8$ m/s；射频通信通过载波调制技术，在水下传播速度可达到 3×10^8 m/s；磁感应通信由于时变磁场的瞬时变化，通信速率可达 3×10^8 m/s。

111

（3）通信延迟比较

由于水声通信信道的不确定性导致水声信号的随机起伏，受到多普勒效应的频移扩散，存在明显的通信延时和数据包丢失现象。光通信、射频通信和磁感应通信都具有较高的通信速率，基本不存在通信延时。

4.1.3 水声通信约束模型

水声通信约束模型如图 4-1 所示。领导者与跟随者之间采用周期性间歇通信方式，在通信过程中存在无法估计的通信时延以及数据丢失情况。图 4-1 描述了在该通信模型中领导者与跟随者之间的通信过程，数据包 S_{Li} 由领导者 AUV 在 t_i 时刻发送，跟随者 AUV 在 $(t_i + \Delta_i)$ 时刻接收，Δ_i 为通信时延，不同的跟随者由于其位置关系不同，通信时延各不相同。由于跟随者 AUV 在接收到时延数据包后才能更新其动作，跟随者 AUV 的控制反应滞后会不可避免地引起编队性能下降。此外，该通信模型中还考虑了通信数据丢失问题，如在领导者发送数据包 S_L（2）后，并未送达给跟随者，这导致跟随者无法获得领导者在 t_2 时刻的有效信息，最终引起编队保持异常。

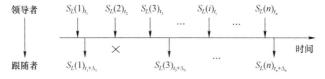

图 4-1 带有通信时延与数据丢失的通信模型

为了量化上述两类通信约束，使用随机量 $\Delta_i \in (0, \Delta_{max}]$ 来表示水声通信过程中的传输时延，假设实际通信距离都在水声通信机的工作距离范围内，因此，Δ_{max} 为有限的正常数，表示时延的上限；此外，每个数据包都有一定的丢失概率，采用丢失率 $p_i \in [0,1]$ 表示丢失数据包数量与已发送数据包数量之比。

4.2 基于水声通信预测与补偿的编队控制方法

针对水声通信过程中出现数据丢失、时延等特性引发的领导者与跟随者信息不一致问题，本节提出了一种基于高斯补偿的 AUV 编队控制方法。编队结构采用领导-跟随者模型，领导者 AUV 的状态信息通过具有约束的间歇性水声信道传输到跟随者 AUV。

4.2.1 基于 GPR 的 AUV 编队控制框架

图 4-2 为本节所提出的编队控制框架，其中领导者 AUV 通过所提出的控制策略实现路径跟踪，通过水声通信定时向跟随者传递信息，主要包括领导者在大地坐标系下的位置与时间。受水下通信信道影响，信息在传输的过程中受声速、距离等影响出现不可预知的时延，同时由于复杂环境下的干扰，

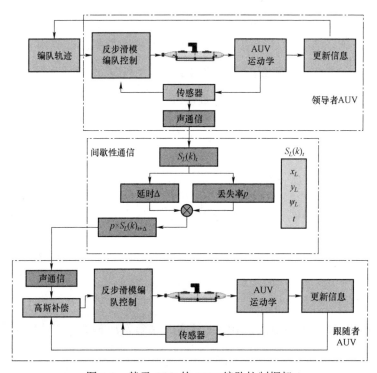

图 4-2 基于 GPR 的 AUV 编队控制框架

部分数据出现丢失。每个跟随者 AUV 中的编队控制器由两层结构组成。上层采用高斯过程回归模型作为状态补偿器，提高跟随者对领导者 AUV 状态的感知能力；下层是基于反步滑模控制的编队跟踪控制器，生成控制信号驱动跟随者 AUV 同领导者 AUV 保持队形稳定。在跟随者收到数据后，通过上层的高斯过程回归方法对领导者的状态进行补偿，提高通信数据的精度，将补偿后的数据交由反步滑模编队控制模型，最终实现跟随者 AUV 的运动控制。

4.2.2　GPR 通信数据预测与补偿方法

高斯过程回归模型[12]（Gaussian Process Regression，GPR）是一种强大而灵活的机器学习技术，通过引入高斯过程回归将数据表示为函数上的分布，通过对观测数据进行调节来预测补偿。它为预测提供了点估计和不确定性估计，这在处理有限或有噪声的数据时尤其有用。GPR 模型根据领导者的历史位置数据估计其他未知时刻数据，以降低数据丢失和时延带来的影响。

高斯过程回归模型的构造具体如下。

首先，跟随者将领导者的历史通信数据组成数据集。设 S_L 中的 x_L、y_L 和 ψ_L 是三个独立的标量函数。三组数据 D_x、D_y 和 D_ψ 由领导者发送的最近 o 个数据包组成，其中 n 为总数据包数量。

$$\begin{cases} D_x = \{(t_{n-o+1}, x_{L_{n-o+1}}), \cdots, (t_{n-1}, x_{L_{n-1}}), (t_n, x_{L_n})\} \\ D_y = \{(t_{n-o+1}, y_{L_{n-o+1}}), \cdots, (t_{n-1}, y_{L_{n-1}}), (t_n, y_{L_n})\} \\ D_\psi = \{(t_{n-o+1}, \psi_{L_{n-o+1}}), \cdots, (t_{n-1}, \psi_{L_{n-1}}), (t_n, \psi_{L_n})\} \end{cases} \tag{4-1}$$

假设 x_L、x_L 和 ψ_L 基于噪声随机采样：

$$\begin{cases} x_{L_i} = f_x(t_i) \\ y_{L_i} = f_y(t_i) \\ \psi_{L_i} = f_\psi(t_i) \end{cases} \tag{4-2}$$

高斯过程 $\mathcal{GP}$ 由均值函数 $\mu(t)$ 和协方差函数 $k(t, t')$ 确定：

$$\begin{cases} f_x \sim \mathcal{GP}_x(\mu(t), k(t,t')) \\ f_y \sim \mathcal{GP}_y(\mu(t), k(t,t')) \\ f_\psi \sim \mathcal{GP}_\psi(\mu(t), k(t,t')) \end{cases} \tag{4-3}$$

以领导者 X 坐标值为例进行介绍。估计新时刻 t_* 的 X 值是根据函数 f_x 的属性，该属性是根据观测数据集 D_x 确定的，其中平均值为零。

$$\begin{bmatrix} f_x \\ f_x(t_*) \end{bmatrix} \sim \mathcal{N}\left(\mathbf{0}, \begin{bmatrix} \boldsymbol{K} & \boldsymbol{K}_*^{\mathrm{T}} \\ \boldsymbol{K}_* & \boldsymbol{K}_{**} \end{bmatrix}\right) \tag{4-4}$$

其中：

$$\boldsymbol{K} = \begin{bmatrix} k(t_1,t_1) & \cdots & k(t_1,t_k) \\ \vdots & \ddots & \vdots \\ k(t_k,t_1) & \cdots & k(t_k,t_k) \end{bmatrix} \tag{4-5}$$

$$\boldsymbol{K}_* = [k(t_*,t_1) \quad \cdots \quad k(t_*,t_n)] \tag{4-6}$$

$$\boldsymbol{K}_{**} = k(t_*,t_*) \tag{4-7}$$

其中 $k(t,t')$ 是向量 $\boldsymbol{t}$ 和 $\boldsymbol{t}'$ 之间的协方差，它由平方指数核函数获得，如式（4-8）所示：

$$k(t_i,t_j) = \sigma_f^{\;2} \exp\left(-\frac{(t_i - t_j)(t_i - t_j)^{\mathrm{T}}}{2\sigma_s^2}\right) \tag{4-8}$$

式中，σ_s 表示特征长度，σ_f 表示输出的标准偏差。为了获得更好的预测结果，采用最大似然法搜索适当的 σ_s 和 σ_f，以最大化后验概率。

$f_x(t_*)$ 的条件概率分布是多元正态分布，即：

$$f_x(t_*) \mid f_x \sim \mathcal{N}(\boldsymbol{K}_* \boldsymbol{K}^{-1} f_x, \boldsymbol{K}_{**} - \boldsymbol{K}_* \boldsymbol{K}^{-1} \boldsymbol{K}_*^{\mathrm{T}}) \tag{4-9}$$

$f_x(t_*)$ 的最佳估计和协方差如下所示：

$$\widehat{f_x}(t_*) = \mathrm{E}[f_x(t_*) \mid f_x] = \boldsymbol{K}_* \boldsymbol{K}^{-1} f_x \tag{4-10}$$

$$\mathrm{cov}[\widehat{f_x}(t_*)] = \boldsymbol{K}_{**} - \boldsymbol{K}_* \boldsymbol{K}^{-1} \boldsymbol{K}_*^{\mathrm{T}} \tag{4-11}$$

类似地，$\widehat{f_y}(t_*)$ 和 $\widehat{f_z}(t_*)$ 的计算方式如 $\widehat{f_x}(t_*)$ 一致。高斯预测方法可以补偿所提出的水声通信模型中的数据时延和丢失，从而提高领导者和跟随者之间的数据一致性。

4.2.3　通信约束下的数据预测补偿效果

在理想通信环境和实际通信环境下对编队方法进行充分比较，通过通信误差、实时编队、跟随者的速度、跟踪误差和编队保持度验证编队控制方法性能。首先验证了高斯过程回归模型的性能与作用。图 4-3 和图 4-4 描述了在采用高斯补偿的情况下，跟随者的数据补偿结果。浅灰色点表示领导者AUV 在 t 时刻周期性广播的数据值，深灰色点表示跟随者 AUV 在 t 时刻上没有任何通信补偿措施下接收到的数据；线表示使用高斯补偿后的结果。由于存在通信时延，跟随者 AUV 接收数据的时间晚于领导者发送的时间，即相同位置（纵轴）的深灰色点的时间戳晚于浅灰色点。在使用高斯预测方法补偿后，线相同位置的时间戳更接近浅灰色点。

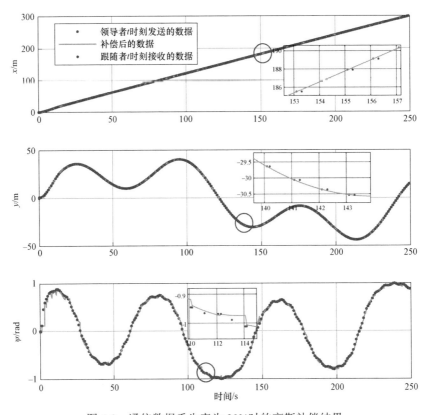

图 4-3　通信数据丢失率为 20% 时的高斯补偿结果

当通信数据包丢失率增加到 50%，跟随者接收到更少的数据（深灰色点）。在采用高斯补偿模型中，数据丢失率的增加也将导致训练数据的减少，高斯补偿模型长时间没有接收到状态数据，误差会逐渐增加。然而，在接收到最新的数据并更新高斯模型后，补偿精度将迅速提高，预测误差将减小。

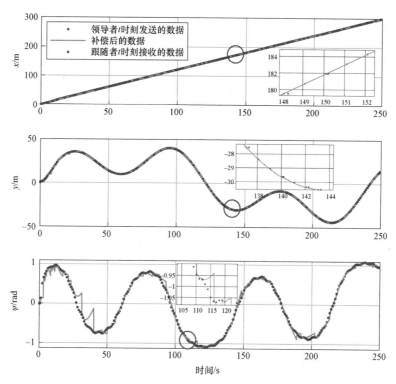

图 4-4   通信数据丢失率为 50%时的高斯补偿结果

图 4-5 和图 4-6 说明在不同数据丢失率下的位置、角度在补偿后的误差结果。在没有任何通信补偿方法的情况下，误差值（实线）波动很大，尤其是在 50%的通信数据丢失率时（见图 4-6），这种现象主要是由随机通信数据包丢失引起的；实线最小误差并非为零，这主要因为通信时延，跟随者收到的信息存在时延，因此与当前实际位置信息不一致，从而引起了较小的误差。这也说明在带有通信时延和数据丢失情况下的通信模型中，通信

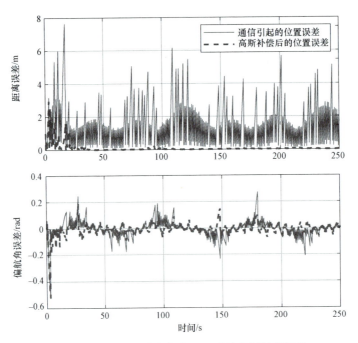

图 4-5　通信数据丢失率为 20%时的高斯补偿误差

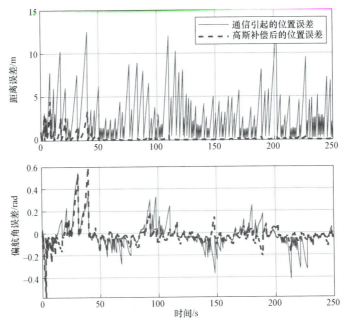

图 4-6　通信数据丢失率为 50%时的高斯补偿误差

时延对数据的影响远小于数据丢失情况。高斯补偿方法在初始时会产生一定误差（虚线），这主要是由于初始时，数据不充分导致模型不够准确；当数据充足后，模型误差开始降低并非常稳定，在 20 s 后几乎为零。总之，基于高斯的状态补偿器不仅可以有效地补偿通信时延的影响，还可以解决数据丢失问题。

4.2.4 水声通信预测与补偿下的编队效果

编队控制律与第 3 章中的一致，详细推导过程及稳定性此处将不再详细介绍，具体如下。

$$\tau_u = -m_{11}\left(\frac{m_{22}}{m_{11}}vr - \frac{d_{11}}{m_{11}}u + x_e + k_1\dot{x}_e + \varepsilon_1 sgn(S_u)\right) \qquad (4\text{-}12)$$

$$\tau_r = -m_{66}\left(\frac{m_{11}-m_{22}}{m_{66}}uv - \frac{d_{66}}{m_{66}}r \quad - \frac{\tilde{v} - \frac{m_{11}}{m_{22}}\dot{u}r - \dot{a}_r + \frac{\dot{\tau}_{vd}}{m_{22}} + \varepsilon_2 sgn(S_r)}{\frac{m_{11}u}{m_{22}}}\right)$$

$$(4\text{-}13)$$

当上述控制律满足以下条件时，系统误差可以得到稳定。

$$\begin{cases} \varepsilon_1 \geq \dfrac{T_m}{m_{11}} \\ \varepsilon_2 \geq \dfrac{m_{11}u_m T_m}{m_{22}m_{66}} + \dfrac{T_{dm}}{m_{22}} \end{cases} \qquad (4\text{-}14)$$

接下来测试编队控制器的性能，首先介绍编队结果中各缩写含义。LT 为领导者的轨迹，IFsT 为虚拟跟随者轨迹，FsT 为没有采用高斯补偿控制的轨迹，FsTwP 为用本节提出的方法控制的轨迹。IP 为同一时刻下由三个虚拟 AUV 组成的期望编队；缩写 P 和 PwP 分别代表无高斯补偿控制的编队队形和带高斯补偿控制的编队队形。整个编队控制过程可分为两个阶段：① 编队形成阶段，由于 AUV 初始位置误差的存在，AUV 需要缩小初始误差从而实现编队的形成；② 编队保持阶段，AUV 需要克服在编队运动过程中外部持续的干扰。跟随者误差被定义为 A_{Fi} 和 V_{Fi} 之间的欧式距离。

首先在理想通信模型中对高斯补偿编队控制方法进行测试，领导者以
1 Hz 的频率向跟随者发送信息，不考虑时延和数据丢失干扰。图 4-7 至图 4-10
是理想通信信道下的编队控制结果。图 4-7 为圆形编队的结果，领导者和跟
随者从圆心出发，在编队形成阶段，初始跟随者位置与虚拟跟随者位置之间
相差的距离较大，跟随者误差是图中零时刻的误差。

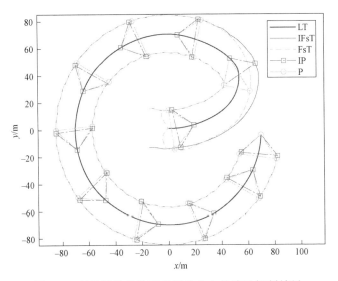

图 4-7　理想通信条件下在路径 1 中的编队控制结果

　　仿真开始运行后，跟随者迅速接近虚拟跟随者，因此，跟随者误差在
初始编队形成阶段逐渐下降。但在路径 1 的编队保持过程中，跟随者 A_{F1}
的误差迅速增大。这是由于在领导者右侧的跟随者 A_{F1} 的编队路径比领导
者更长，受推力限制，在到达最大速度后，短时间内难以跟踪上虚拟跟随
者，导致误差再次上升。这也导致在 20 s 至 30 s 时间段的队形与预期差距
较大。然后，领导者 AUV 在稳定到达跟踪路径 1 时，速度逐渐降低。跟随
者 A_{F1} 也迅速到达虚拟跟随者 V_{F1} 位置，跟踪误差在 30 s 至 60 s 区间迅速
降低，如图 4-8 所示。值得注意的是，图中轨迹 1 的小波动是由外部周期
性扰动所引起的。

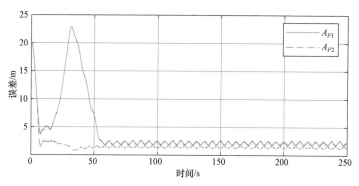

图 4-8 理想通信条件下在路径 1 中的误差

路径 2 的编队结果如图 4-9 所示。两个跟随者的误差在图中呈现交替性波动，这是由于在编队中领导者弯曲路径外侧的跟随者路径更长，引起跟踪误差增大；相反，弯曲路径的内侧路径更短，因此跟踪误差更小。当按预定路径蛇形运动时，出现了两个跟随者的误差交替波动。

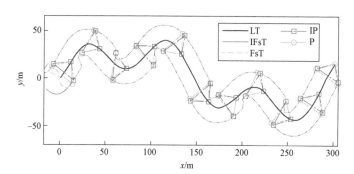

图 4-9 理想通信条件下在路径 2 中的编队控制结果

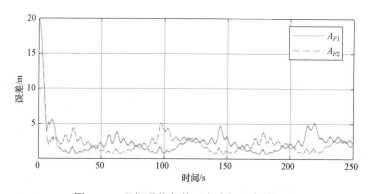

图 4-10 理想通信条件下在路径 2 中的误差

接下来验证通信中存在时延和数据丢失情况下的编队性能，随机时延的上限为 0.2 s，在数据包丢失率为 20%和 50%的环境中对本方法进行了测试。

在图 4-11 和图 4-12 中，理想编队、无数据预测的编队与具有高斯预测补偿的编队分别用方块、五角星与圆表示。图 4-11 和图 4-12 中展示的多个三角形队形中，圆构成的编队明显要优于五角星编队，在后期的队形保持过程中，始终更接近理想编队。同时，随着数据丢失率上升到 50%后，从局部放大图中可知，五角星编队效果远不如数据丢失率为 20%下的编队控制，这也意味着数据丢失率对编队的运行有明显影响。相比之下，采用了高斯补偿后的编队在 20%和 50%数据丢失率下的编队结果几乎一致，因此，采用高斯预测编队方法的跟随者形成了更接近理想的编队队形，在通信时延和数据丢失情况下提高了编队保持稳定性。

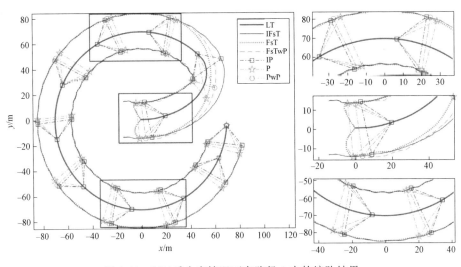

图 4-11　20%丢失率情况下在路径 1 中的编队结果

考虑到每个跟随者的前进速度 u 是影响编队结果的主要因素，因此，给出速度 u 变化曲线，如图 4-13 所示。其中无高斯预测的跟随者 AUV 的速度曲线发生了剧烈波动，尤其是在数据丢失率增加到 50%时更为明显，如图 4-14 所示。主要原因是丢失了较多有效数据包，两个跟随者都无法获取下一时刻领导者位置，因此，在到达预期位置后降低速度。在获得最新的数据包后，跟随者会迅速加速以弥补由约束通信引起的误差，最终到达虚拟跟随者 AUV 的位置。

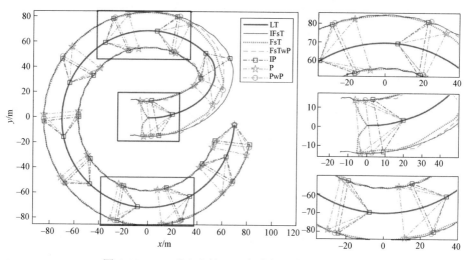

图 4-12　50%丢失率情况下在路径 1 中的编队结果

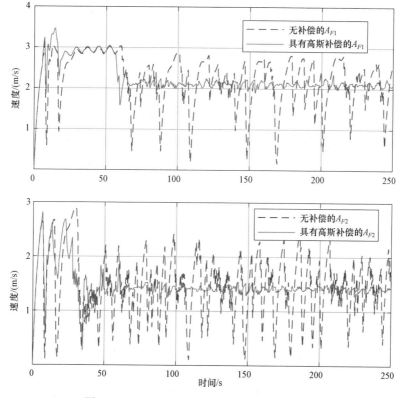

图 4-13　20%丢失率情况下跟随者在路径 1 中的速度

123

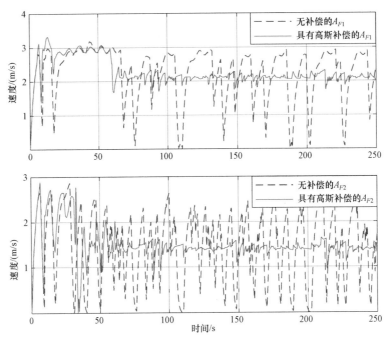

图 4-14　50%丢失率情况下跟随者在路径 1 中的速度

跟随者 A_{F1} 在 30 s 和 60 s 之间的速度达到最大值，无法跟上虚拟跟随者，图 4-15 和图 4-16 中跟踪误差在对应时间区间中也逐渐增加；随着编队到达保持阶段，相应误差也大幅下降。通过比较误差图 4-15 和图 4-16 可以发现，无高斯预测方法的两个跟随者的误差会随着数据丢失率的增加而增加；而使用高斯预测方法后，相应跟踪误差随数据丢失率的增加变化较小。

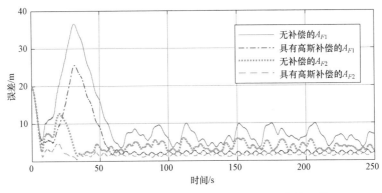

图 4-15　20%丢失率情况下跟随者在路径 1 中的误差

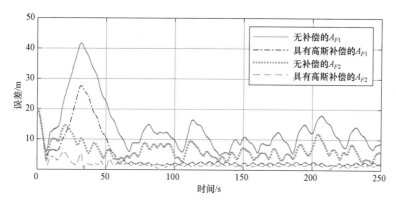

图 4-16　50%丢失率情况下跟随者在路径 1 中的误差

图 4-17 至图 4-20 展示了在路径 2 中的编队控制的性能，这些结果与路径 1 中的类似。

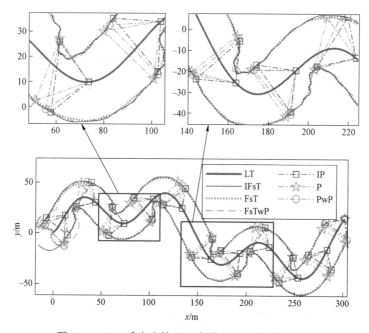

图 4-17　20%丢失率情况下在路径 2 中的编队结果

125

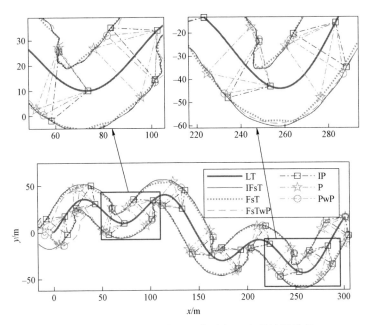

图 4-18　50%丢失率情况下在路径 2 中的编队结果

图 4-17 和图 4-18 展示了不同丢包率下在路径 2 中的编队结果，可知转向引起的外侧路径长度变化，导致两个跟随者的误差交替波动。

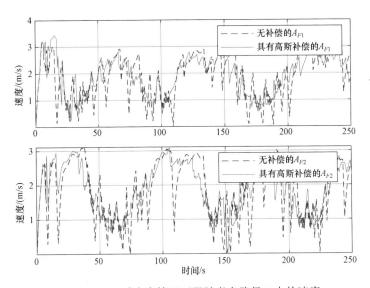

图 4-19　20%丢失率情况下跟随者在路径 2 中的速度

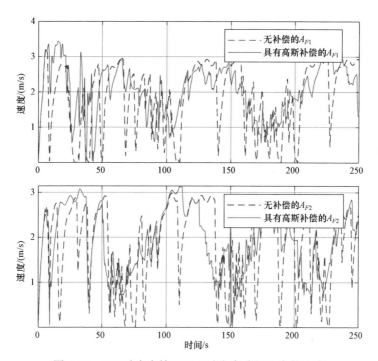

图 4-20　50%丢失率情况下跟随者在路径 2 中的速度

如图 4-19 和图 4-20 所示，使用高斯预测补偿的跟随者速度曲线比没有使用高斯预测补偿的跟随者速度更平滑；但随着数据丢失率的增加，速度也会出现波动。

图 4-21 和图 4-22 展示了不同丢失率情况下跟随者在路径 2 中的误差。

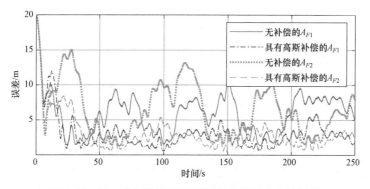

图 4-21　20%丢失率情况下跟随者在路径 2 中的误差

127

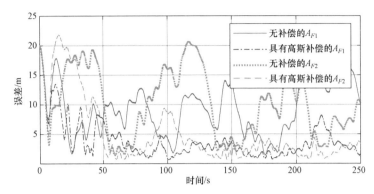

图 4-22　50%丢失率情况下跟随者在路径 2 中的误差

如图 4-21 和图 4-22 所示，数据丢失率的增加会极大影响编队的稳定性，通过高斯补偿的策略能够有效降低通信约束对编队跟踪误差的影响。

将所提出的编队控制方法与带高斯补偿的反步控制方法及无高斯补偿的反步滑模方法进行了比较。不同场景和数据丢失率下的编队保持度在表 4-2 中进行比较，其中编队保持度越低表示与理想的编队队形一致性越高，编队性能越好。通过分析发现，即使没有数据丢失出现，间歇通信也会对编队控制结果产生一定影响。存在数据丢失情况时，编队性能会随着通信数据丢失率的增加而降低。无高斯补偿的编队控制更容易受到通信的影响，编队保持度更高。最后对比了反步滑模控制方法和反步控制方法的性能。由结果可见，与经典的反步法控制相比，反步滑模控制方法的编队保持度更低，这是引入滑模方法后扰动抑制能力得到进一步提高所致。综上所述，基于高斯补偿的编队控制方法可以有效地克服通信数据丢失和通信时延的影响，性能更接近理想通信下的编队效果[17]。

表 4-2　通信约束下编队控制方法的保持度

场景类型	场景 1			场景 2		
数据丢失率	0%	20%	50%	0%	20%	50%
基于高斯补偿的反步滑模控制方法	0.153	0.158	0.174	0.142	0.150	0.186
基于高斯补偿的反步控制法	0.160	0.165	0.185	0.140	0.150	0.212
反步滑模编队控制方法	0.238	0.351	0.498	0.211	0.305	0.486

4.3　基于事件驱动主从通信触发的编队控制

由于水下通信条件严苛，大量数据会占用宝贵的通信信道，影响 AUV 集群任务的执行。本节主要针对如何降低通信使用频率以提高通信效率问题进行研究，提出了基于事件驱动的编队控制方法以减少编队控制所需要的通信资源。

4.3.1　事件触发机制

事件触发机制是一种控制策略，根据系统的实际状态与预设条件来决定是否进行控制操作。这种机制与传统的连续控制不同，只在满足特定条件时才触发控制，以提高系统的性能和资源利用效率。这种机制在多个领域有广泛应用，包括但不限于控制系统、网络通信、微电网等领域。

4.3.2　基于事件触发机制的编队框架

如图 4-23 所示，事件驱动的编队控制框架基于领导–跟随者模型。领导者 AUV 带领各跟随者 AUV 实现集群编队运动。在该框架中，领导者具备状态感知、水声通信与状态预测能力。领导者根据控制驱动信号运动，当特定事件发生后，触发水声通信系统工作；当事件未发生时，领导者不进行信息广播，以此减少 AUV 通信资源的使用。跟随者同样需要具备状态感知、水声通信、状态预测，以及编队控制的能力。跟随者依赖于领导者的通信数据，通过预测器和自身控制器实现编队。其中，领导者与跟随者的预测器保持一致，而事件驱动主从通信触发机制的目的是保证预测器的准确性和一致性。

与现有方法不同，所提出的事件驱动机制中，领导者与跟随者都需要搭载相同预测器，预测器的结构权重完全相同，但功能作用不同。领导者的预测器用于判断是否需要触发通信系统；而跟随者的预测器用于提供领导者预测信息。领导者自身实际的位置状态信息与自身预测器的预测结果差异较大时，则触发通信系统，将当前信息广播告知所有跟随者，同时将最新数据与历史数据存入数据集，并更新自身预测器模型以提高精度。跟随者每次接收到领导者数据后更新数据集合，同时更新预测器模型，确保与领导者的预测器一致。

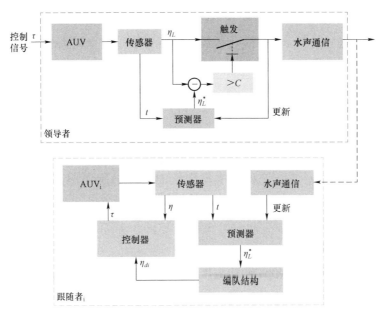

图 4-23　事件驱动的编队框架

4.3.3　基于最小二乘法的事件驱动策略

在事件触发编队控制框架中，预测器起到关键作用，主要为领导者提供事件触发条件，并为跟随者提供领导者预测状态信息。预测器根据领导者以往时序状态数据的特性，拟合出其他时刻领导者的状态数据，减少通信次数。为保证预测器的准确性，预测器将按需进行校正，从而得到事件触发的条件。

本节采用普通最小二乘法作为预测方法。最小二乘法是一种广泛使用的统计技术，旨在为给定的数据点集找到最佳拟合曲线，目标是最小化观测数据点与拟合曲线的预测值之间的平方差之和，这是通过调整模型的参数以最小化残差来实现的，残差是观测值和预测值之间的差异。根据 OLS 原理，其将目标函数定义如下：

$$L(\boldsymbol{\omega}) = \sum_{i=1}^{N}[(\boldsymbol{\omega}\,t_i - \boldsymbol{\eta}_l)^{\mathrm{T}}(\boldsymbol{\omega}\,t_i - \boldsymbol{\eta}_l)] \tag{4-15}$$

其中，$\boldsymbol{\omega}$ 表示估计的参数矩阵，$t_i = [1, t_i, t_i^2, \cdots, t_i^k]^{\mathrm{T}}$ 表示关于时间的矩阵，$\boldsymbol{\eta}_l$ 表示已知领导者 AUV 的状态信息。

为了使领导者 AUV 的预测状态与实际状态更加相关，对方程（4-15）的导数进行极化，以获得一组参数 $\boldsymbol{\omega}$，该参数使得目标函数 $L(\boldsymbol{\omega})$ 最小化。矩阵系数 $\boldsymbol{\omega}$ 具体定义如下：

$$\boldsymbol{\omega} = \begin{bmatrix} \omega_1^x & \omega_2^x & \omega_3^x & \cdots & \omega_k^x \\ \omega_1^y & \omega_2^y & \omega_3^y & \cdots & \omega_k^y \\ \omega_1^\psi & \omega_2^\psi & \omega_3^\psi & \cdots & \omega_k^\psi \end{bmatrix} \tag{4-16}$$

将已触发事件的领导者位置、时间作为观测数据点集，通过最小化残差来获得模型的参数。在获得模型参数后，使用它们来预测原始数据集中不存在的自变量对应的因变量的值，即下一时刻的领导者位置预测值。对领导者和跟随者而言，每一次的事件触发都会重新校正自身模型参数，以此确保模型的一致性。

与时间触发控制方法相比，事件触发控制理念可以有效地节省资源而不损失控制精度，同时允许预定义的事件根据需求有条件地发生。在本文中，当预测器预测的虚拟领导者与实际领导者 AUV 的位置之间超过一定偏差时，更新一次预测器。误差 $e(t)$ 定义如下：

$$e(t) = \|\boldsymbol{\eta}_l^*(t_k) - \boldsymbol{\eta}_l(t)\| \tag{4-17}$$

其中 $t \in [t_k, t_{k+1})(k = 1, 2, \cdots, N)$。当误差 $e(t)$ 超过设置的阈值时，跟随 AUV 和领导者 AUV 的预测器在时刻 t_{k+1} 更新参数矩阵 $\boldsymbol{\omega}$。时刻 t_{k+1} 的事件触发条件为：

$$t_{k+1} = inf\{t > t_k \mid f[t, e(t)](> 0\} \tag{4-18}$$

其中，事件条件函数 $f(t, e(t))$ 为：

$$f[t, e(t)] = e(t) - \xi \tag{4-19}$$

式中，ξ 是阈值。

4.3.4 基于反步法的编队控制器设计

领导者与虚拟跟随者在水平面上的位置关系同第 3 章中所述的编队结构一致，只取决于相对的方向角 α 与距离 d，具体如下：

$$\begin{cases} x_R = x_L - d\cos(\psi_L + \alpha) \\ y_R = y_L - d\sin(\psi_L + \alpha) \end{cases} \tag{4-20}$$

式中，d 为跟踪者到领导者的距离，α 为领导者与跟随者之间的偏航角。首先，建立跟随者与虚拟跟随者之间的平面位置误差：

$$\begin{cases} e_x = x - x_R \\ e_y = y - y_R \end{cases} \tag{4-21}$$

对于子系统 x_e 和 y_e，考虑以下李雅普诺夫函数：

$$V_1 = \frac{1}{2}(x_e^2 + y_e^2) \tag{4-22}$$

对 V_1 进行微分得到：

$$\begin{aligned} \dot{V}_1 &= x_e\dot{x}_e + y_e\dot{y}_e \\ &= -x_e[u_f - u_l\cos\psi_e + v_l\sin\psi_e - dr_l\sin(\psi_e + \delta)] - \\ &\quad y_e[v_f - u_l\sin\psi_e - v_l\cos\psi_e + dr_l\cos(\psi_e + \delta)] \end{aligned} \tag{4-23}$$

构建目标控制输入 u_{fd} 与 v_{fd}：

$$\begin{cases} u_{fd} = u_l\cos\psi_e - v_l\sin\psi_e + dr_l\sin(\psi_e + \delta) + k_1 x_e \\ v_{fd} = u_l\sin\psi_e + v_l\cos\psi_e - dr_l\cos(\psi_e + \delta) + k_2 y_e \end{cases} \tag{4-24}$$

其中 k_1 和 k_2 是正常数。代入上述方程式得到：

$$\dot{V}_1 = -k_1 x_e^2 - k_2 y_e^2 \leqslant 0 \tag{4-25}$$

由于 u_{fd} 与 v_{fd} 并非实际控制输入，因此定义以下误差：

$$\begin{cases} \hat{u}_{fe} = u_f - u_{fd} \\ \hat{v}_{fe} = v_f - v_{fd} \end{cases} \tag{4-26}$$

将 $u_f = u_{fd} + \hat{u}_{fe}$ 和 $v_f = v_{fd} + \hat{v}_{fe}$ 代入公式可得：

$$\dot{V}_1 = -k_1 x_e^2 - k_2 y_e^2 - x_e\hat{u}_{fe} - y_e\hat{v}_{fe} \tag{4-27}$$

接下来构建新的李雅普诺夫函数 V_2：

$$V_2 = V_1 + \frac{1}{2}\hat{u}_{fe}^2 \tag{4-28}$$

对 $\hat{u}_{fe}$ 求导：

$$
\begin{aligned}
\dot{\hat{u}}_{fe} &= \dot{u}_f - \dot{u}_{fd} \\
&= \frac{m_{22}}{m_{11}}v_f r_f - \frac{d_{11}}{m_{11}}u_f + \frac{\tau_{u_f}}{m_{11}} - [\dot{u}_l\cos\psi_e - r_e u_l\sin\psi_e - \dot{v}\sin\psi_e - \\
&\quad r_e v_l\cos\psi_e + d\dot{r}_l\sin(\psi_e+\delta) + dr_l r_e\cos(\psi_e+\delta) + k_1\dot{x}_e] \\
&= P_u + \frac{\tau_{u_f}}{m_{11}}
\end{aligned}
\tag{4-29}
$$

式中，

$$
\begin{aligned}
P_u &= \frac{m_{22}}{m_{11}}v_f r_f - \frac{d_{11}}{m_{11}}u_f - \dot{u}_l\cos\psi_e + r_e u_l\sin\psi_e + \dot{v}\sin\psi_e + \\
&\quad r_e v_l\cos\psi_e - d\dot{r}_l\sin(\psi_e+\delta) - dr_l r_e\cos(\psi_e+\delta) - k_1\dot{x}_e
\end{aligned}
\tag{4-30}
$$

对 V_2 求导可得：

$$\dot{V}_2 = \dot{V}_1 + \dot{\hat{u}}_{fe}\hat{u}_{fe} = -k_1 x_e^2 - k_2 y_e^2 + \hat{u}_{fe}\left(P_u + \frac{\tau_{u_f}}{m_{11}} - x_e\right) - y_e\hat{v}_{fe} \tag{4-31}$$

选择如下反馈控制器：

$$\tau_{u_f} = -m_{11}(k_3\hat{u}_{fe} + P_u - x_e) \tag{4-32}$$

式中，k_3 为正数，并将反馈控制器代入可得：

$$\dot{V}_2 = -k_1 x_e^2 - k_2 y_e^2 - k_3\hat{u}_{fe}^2 - y_e\hat{v}_{fe} \tag{4-33}$$

构建新李雅普诺夫函数 V_3 镇定 $\hat{v}_{fe}$ 与 ψ_e：

$$V_3 = V_2 + \frac{1}{2}\hat{v}_{fe}^2 + \frac{1}{2}\psi_e^2 \tag{4-34}$$

$\hat{v}_{fe}$ 的导数为：

$$
\begin{aligned}
\dot{\hat{v}}_{fe} &= \dot{v}_f - \dot{v}_{fd} \\
&= -\frac{m_{11}}{m_{22}}u_f r_f - \frac{d_{22}}{m_{22}}v_f - [\dot{u}_l\sin\psi_e + u_f r_e\cos\psi_e + \dot{v}_l\cos\psi_e - \\
&\quad v_l r_e\sin\psi_e - d\dot{r}_l\cos(\psi_e+\delta) + dr_l r_e\sin(\psi_e+\delta) + k_2\dot{y}_e]
\end{aligned}
\tag{4-35}
$$

将上述公式代入 V_3 的导数形式：

$$\dot{V}_3 = -k_1 x_e^2 - k_2 y_e^2 - k_3 \hat{u}_{fe}^2 - y_e \hat{v}_{fe} + \hat{v}_{fe} \dot{\hat{v}}_{fe} + \psi_e \dot{\psi}_e$$

$$= r_e \{\psi_e + \hat{v}_{fe}[-u_r \cos\psi_e + v_l \sin\psi_e - dr_l \sin(\psi_e + \delta)]\} + \hat{v}_{fe}\left[-\frac{m_{11}}{m_{22}} u_f r_f - \frac{d_{22}}{m_{22}} v_f - \right.$$

$$\left. \dot{u}_l \sin\psi_e - \dot{v}_l \cos\psi_e + d\dot{r}_l \cos(\psi_e + \delta) - k_2 \dot{y}_e - y_e \right] - k_1 x_e^2 - k_2 y_e^2 - k_3 \hat{u}_{fe}^2$$

$$= r_e (\psi_e + \hat{v}_{fe} P_v) + \sigma - k_1 x_e^2 - k_2 y_e^2 - k_3 \hat{u}_{fe}^2$$

$$(4\text{-}36)$$

式中，

$$P_v = -u_r \cos\psi_e + v_l \sin\psi_e - dr_l \sin(\psi_e + \delta) \qquad (4\text{-}37)$$

$$\sigma = \hat{v}_{fe}\left[-\frac{m_{11}}{m_{22}} u_f r_f - \frac{d_{22}}{m_{22}} v_f - \dot{u}_l \sin\psi_e - \dot{v}_l \cos\psi_e + d\dot{r}_l \cos(\psi_e + \delta) - k_2 \dot{y}_e - y_e \right]$$

$$(4\text{-}38)$$

进一步选择如下控制器：

$$r_{ed} = -k_4(\psi_e + \hat{v}_{fe} P_v) \qquad (4\text{-}39)$$

式中，k_4 为正数，代入式（4-36）并化简后可得：

$$\dot{V}_3 = -k_1 x_e^2 - k_2 y_e^2 - k_3 \hat{u}_{fe}^2 - k_4(\psi_e + \hat{v}_{fe} P_v)^2 + \sigma \qquad (4\text{-}40)$$

明显地，r_{ed} 不是实际的控制输入，因此构建误差系统：

$$\hat{r}_{fe} = r_e - r_{ed} \qquad (4\text{-}41)$$

代入式（4-40）后可得：

$$\dot{V}_3 = -k_1 x_e^2 - k_2 y_e^2 - k_3 \hat{u}_{fe}^2 - k_4(\psi_e + \hat{v}_{fe} P_v)^2 + \hat{r}_{fe}(\psi_e + \hat{v}_{fe} P_v) + \sigma \qquad (4\text{-}42)$$

构建李雅普诺夫函数 V_4：

$$V_4 = V_3 + \frac{1}{2} \hat{r}_{fe}^2 \qquad (4\text{-}43)$$

对 $\hat{r}_{fe}$ 求导后可得：

$$\dot{\hat{r}}_{fe} = \dot{r}_e - \dot{r}_{ed}$$

$$= -\frac{m_{11} - m_{22}}{m_{66}} u_f v_f + \frac{d_{66}}{m_{66}} r_f + \frac{\tau_{r_f}}{m_{66}} - \dot{r}_{ed} \qquad (4\text{-}44)$$

$$= P_r + \frac{\tau_{r_f}}{m_{66}}$$

式中,

$$P_r = -\frac{m_{11} - m_{22}}{m_{66}} u_f v_f + \frac{d_{66}}{m_{66}} r_f + \frac{\tau_{r_f}}{m_{66}} - \dot{r}_{ed} \qquad (4\text{-}45)$$

将上述公式代入 V_4 的导数:

$$\dot{V}_4 = \dot{V}_3 + \hat{r}_{fe}\dot{\hat{r}}_{fe}$$

$$= -k_1 x_e^2 - k_2 y_e^2 - k_3 \hat{u}_{fe}^2 - k_4(\psi_e + \hat{v}_{fe}P_v)^2 + \hat{r}_{fe}\left(\psi_e + \hat{v}_{fe}P_v + P_r + \frac{\tau_{r_f}}{m_{66}}\right) + \sigma$$

$$(4\text{-}46)$$

选择如下控制器:

$$\tau_{r_f} = -m_{66}(\psi_e + \hat{v}_{fe}P_v + P_r + k_5\hat{r}_{fe}) \qquad (4\text{-}47)$$

式中,k_5 为正数。代入式(4-46)可得:

$$\dot{V}_4 = -k_1 x_e^2 - k_2 y_e^2 - k_3 \hat{u}_{fe}^2 - k_4\psi_e^2 - k_4\hat{v}_{fe}^2 P_v^2 - k_5\hat{r}_{fe}^2 - 2k_4\psi_e\hat{v}_{fe}P_v + \sigma$$

$$(4\text{-}48)$$

为讨论所提出的控制系统的稳定性,首先对式(4-49)进行缩放可以得到如下不等式:

$$\dot{V}_4 \leqslant -k_1 x_e^2 - k_2 y_e^2 - k_3 \hat{u}_{fe}^2 - k_4\psi_e^2 - k_5\hat{r}_{fe}^2 - k_4\hat{v}_{fe}^2 |P_v^2|_{\max} + 2k_4|\psi_e\hat{v}_{fe}|\,|P_v|_{\max} + \rho|\hat{v}_{fe}|$$

$$(4\text{-}49)$$

其中,

$$\rho = \frac{m_{11}}{m_{22}}|u_f r_f|_{\max} + \frac{d_{22}}{m_{22}}|v_f|_{\max} + |\dot{u}_l|_{\max} + |\dot{v}_l|_{\max} + |d\dot{r}_l|_{\max} + k_2|\dot{y}_e|_{\max}$$

$$(4\text{-}50)$$

上述公式中 $|\cdot|_{\max}$ 表示 $|\cdot|$ 的最大值。为了处理方程中的不确定变量,采用杨氏不等式进行处理,可以得到:

$$\begin{cases} y_e\hat{v}_{fe} \leqslant \dfrac{1}{2}\left(\dfrac{y_e^2}{\varepsilon_1} + \varepsilon_1\hat{v}_{fe}^2\right) \\[4mm] 2k_4|\psi_e\hat{v}_{fe}|\,|P_v|_{\max} \leqslant k_4|P_v|_{\max}\left(\dfrac{\psi_e^2}{\varepsilon_2} + \varepsilon_2\hat{v}_{fe}^2\right) \end{cases} \qquad (4\text{-}51)$$

式中,ε_1 和 ε_2 是正数。通过上述分析,不等式可以进一步简化为:

$$\dot{V}_4 \leq -k_1 x_e^2 - \overline{k_2} y_e^2 - k_3 \hat{u}_{fe}^2 - \overline{k_4} \psi_e^2 - k_5 \hat{r}_{fe}^2 - \overline{k_6} \hat{v}_{fe}^2 + \rho \mid \hat{v}_{fe} \mid \qquad (4\text{-}52)$$

式中，$\overline{k_2}$、$\overline{k_4}$、$\overline{k_6}$ 定义为：

$$\begin{cases} \overline{k_2} = k_2 - \dfrac{1}{2\varepsilon_1} \\[2mm] \overline{k_4} = k_4 - \dfrac{k_4 \mid P_v \mid_{\max}}{\varepsilon_2} \\[2mm] \overline{k_6} = k_4 \mid P_v^2 \mid_{\max} - \dfrac{\varepsilon_1}{2} - k_4 \mid P_v \mid_{\max} \varepsilon_2 \end{cases} \qquad (4\text{-}53)$$

显然，如果选择适当的正参数 k_2、k_4、ε_1 和 ε_2，则 k_2、k_4 和 k_6 保证为正数。误差系统 $\mathbf{H}$ 可以表示为 $[x_e, y_e, \psi_e, u_e, v_e, r_e]^{\mathrm{T}}$。

选择 $\lambda = \min(k_1, \overline{k_2}, k_3, \overline{k_4}, k_5, \overline{k_6})$ 和 $0 < \vartheta < 1$，公式可以简化为：

$$\begin{aligned} \dot{V}_4 &\leq -\lambda(1-\vartheta)\|\mathbf{H}\|^2 - \lambda\vartheta\|\mathbf{H}\|^2 + \rho\|\mathbf{H}\| \\ &\leq -\lambda(1-\vartheta)\|\mathbf{H}\|^2, \forall \|\mathbf{H}\| > \rho/(\lambda\vartheta) \end{aligned} \qquad (4\text{-}54)$$

根据 Pohlmann 等学者的研究中提出的引理 9.2[18]可以证明存在某有限时间 τ，所提出的系统满足：

$$\|\mathbf{H}(t)\| \leq \rho/(\lambda\vartheta), \forall t \geq t_0 + \tau \qquad (4\text{-}55)$$

显然，在反馈控制律式（4-32）和式（4-47）的作用下，领导者与跟随者之间的跟踪误差将会收敛到零附近的有限域，大小可以通过控制增益 k_1、$\overline{k_2}$、k_3、$\overline{k_4}$、k_5 和 $\overline{k_6}$ 来改变。

4.3.5　基于事件驱动的主从通信编队效果

在仿真过程中模拟外部环境施加如下干扰信号：

$$\begin{cases} \tau_{ud} = 15\cos(0.8t) \\ \tau_{vd} = 20\sin(t) \\ \tau_{rd} = 5\sin(0.9t) \end{cases} \qquad (4\text{-}56)$$

仿真中采用了两种不同预定轨迹模拟了时间触发与事件触发的控制算法下的编队任务，图 4-24 为波浪轨迹下的编队结果，与时间触发的编队控制算法相比，事件触发的编队轨迹（EF）更接近理想的编队控制轨迹（IF）。

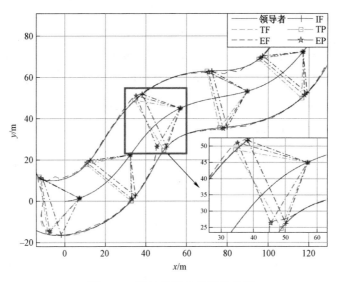

图 4-24　波浪轨迹下的编队轨迹

图 4-25 展示了事件触发和时间触发方法下的跟随者 AUV 在 x 和 y 方向上的误差变化曲线，其中 EF_1 和 EF_2 表示采用事件触发方法的两个跟随者 AUV。总体而言，事件触发方法的跟踪误差小于时间触发方法。此外，每个跟随者 AUV 在仿真开始时都有一个初始位置误差，在编队控制律下误差逐渐收敛至零。

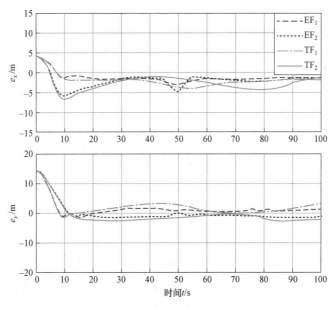

图 4-25　波浪轨迹下跟随者的位置误差

图 4-26 显示了两种编队控制方法的领导者 AUV 实际位置和预测位置之间的距离引起的平方误差。这两种方法误差曲线都呈现锯齿状，其中时间触发编队控制算法更为明显。导致此问题的原因是随着 AUV 的运行，偏差累积引起误差逐步上升，在通信成功后，误差得到迅速修复。通过对比两种结果可以发现，基于事件触发方法的误差保持在设定条件以下，这是利用误差触发通信更新最小二乘法的参数，以此控制了误差在预定范围内。

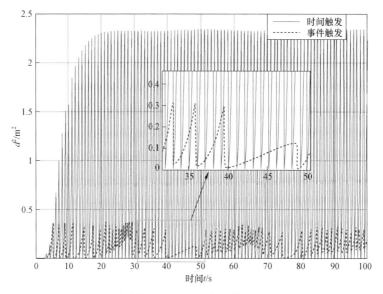

图 4-26 波浪轨迹下领导者位置的平方预测误差

图 4-27 比较了两种控制方法下通信的累积频次。其中事件触发编队控制算法消耗的通信资源较少，与时间触发的编队控制算法相比减少了 40%。

图 4-28 展示了事件与时间触发方法下的圆形编队轨迹，仿真持续 300 s，事件触发控制的编队轨迹（EF）更接近理想编队轨迹（IF）。图 4-29 比较了两种方法在圆形轨迹下的编队控制误差。由于时间触发方法的跟随者 AUV 在通信间隔中无法获得最新的领导者位置，因此，对领导者 AUV 状态的感知存在较大误差，导致跟踪过程中也出现了一定误差。

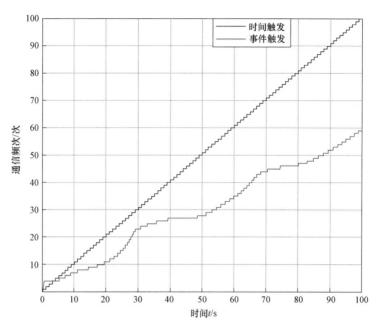

图 4-27　波浪轨迹下不同方法的通信频次

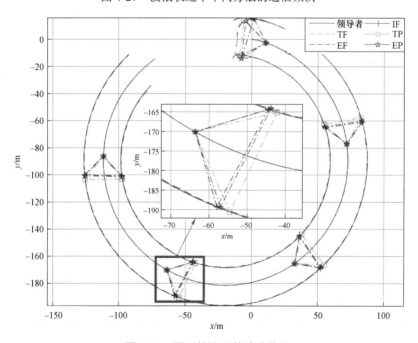

图 4-28　圆形轨迹下的编队轨迹

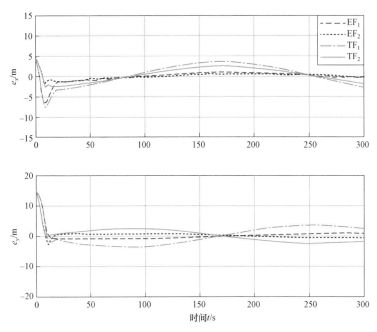

图 4-29 圆形轨迹下跟随者的位置误差

如图 4-30 中的通信误差结果，事件触发编队控制方法引起的通信误差小于时间触发编队控制方式，这与波浪轨迹下的编队结果一致。水声通信频次如图 4-31 所示，事件触发编队控制方法消耗的通信资源较少，只需要时间触发通信的 25%。

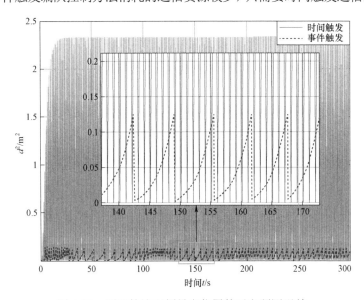

图 4-30 圆形轨迹下领导者位置的平方预测误差

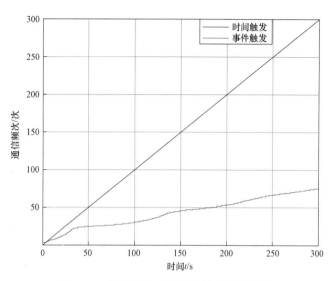

图 4-31　圆形轨迹下不同方法的通信频次

此外，还对触发阈值 ξ 的选择进行了分析。图 4-32 和图 4-33 分别显示了在不同触发条件阈值下，跟随者和领导者之间的距离误差，以及领导者和跟随者之间的累计通信次数的结果。从这些结果可以发现，随着阈值 ξ 的增加，通信频次减少，跟踪误差也增加。如果阈值 ξ 太小，则事件触发方法的效果类似于时间触发方法。当触发阈值 ξ 为 0.35 时，与其他阈值相比，跟踪误差稳定收敛，通信频次显著减少。因此，在仿真中选择 $\xi = 0.35$ 。

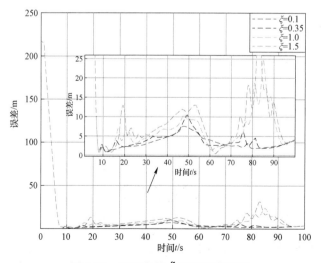

图 4-32　不同参数 ξ 下的距离误差

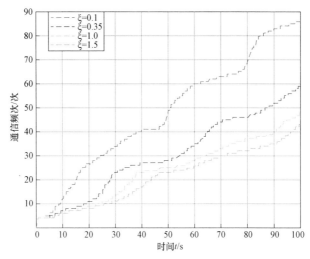

图 4-33　不同参数 ξ 下的通信频次

4.4　本章小结

　　本章针对通信约束下的 AUV 编队控制问题进行了研究，为了提高编队控制方法在具有时延和数据丢失特性的通信模型下的鲁棒性，提出基于高斯过程回归的通信预测补偿方法实现稳定编队。仿真实验验证了高斯补偿模型对编队通信的补偿效果，信道存在 50%数据丢失的情况下，仍然保持较低的编队保持度。针对通信资源稀缺问题，提出了基于事件驱动的编队控制解决方案，通过基于最小二乘法的事件触发机制降低通信频次，通过反步滑模控制方法实现编队控制；仿真验证了该方法能够节约大量通信资源，与时间驱动的通信方式相比，最少能够节约 40%的通信资源，同时编队效果优于时间驱动的编队方法。

参考文献

［1］KHAN M，DAS B，PATI B. Channel estimation strategies for underwater acoustic（UWA）communication：An overview［J］. Journal of the Franklin Institute，2020，357（11）：7229-7265.

［2］WANG L，ZHU D，PANG W，et al. A survey of underwater search for multi-target using Multi-AUV：Task allocation，path planning，and formation control［J］. Ocean Engineering，2023，278：1-19.

［3］赵留平，李环，王鹏. 水下无人系统智能化关键技术发展现状［J］.无人系统技术，2020，3（6）：12-24.

［4］田德艳，张小川，邹司宸，等.异构滑翔器水声通信技术研究现状和发展趋势［J］.数字海洋与水下攻防，2023，6（2）：145-154.

［5］LI Y，WANG S，JIN C，et al. A survey of underwater magnetic induction communications：Fundamental issues，recent advances，and challenges［J］. IEEE Communications Surveys and Tutorials，2019，21（3）：2466-2487.

［6］SEEGER M. Gaussian processes for machine learning［J］. International Journal of Neural Systems，2008，14（2）：69-106.

［7］CAI W，LIU Z，ZHANG M，et al. Cooperative Formation Control for Multiple AUVs With Intermittent Underwater Acoustic Communication in IoUT［J］. IEEE Internet of Things Journal，2023,10(17):15301-15313.

［8］POHLMANN J T，LEITNER D W. A comparison of ordinary least squares and logistic regression［J］. Ohio Journal of Science，2003，103（5）：118-126.

第5章　基于强化学习的编队控制方法

在编队控制场景中，水声通信的间歇性导致 AUV 无法获取实时信息，难以保证信息的高度同步，需要实现间歇通信下编队控制。本章的研究重点是提出基于强化学习的 AUV 编队控制方法，进而为 AUV 的编队控制提供一体化解决方案。首先，介绍强化学习理论基础；其次，考虑在间歇通信条件下欠驱动 AUV 的路径跟随，设计了一种基于 SAC 强化学习的路径跟随控制方法；最后，将分布式强化学习架构拓展至 AUV 编队控制场景，提出了一种基于分布式强化学习的编队控制方法。

5.1　强化学习概述

5.1.1　强化学习基础理论

AUV 的发展迭代迅速，各种不同结构的 AUV 相继问世，如水下直升机、仿生航行器等，为 AUV 编队控制的应用带来了一定的困难与挑战。例如，针对不同类型的 AUV，需要耗费大量成本建立运动模型并调试控制器参数；欠驱动六自由度 AUV 的横滚角难以控制，易影响 AUV 正常运动。

强化学习（Reinforcement Learning，RL）是机器学习的一个分支，作为一种自适应和数据驱动的技术，专注于引导智能体通过与环境的试错交互来学习最优决策行为。它无须依赖智能体的精确模型与参数，通过不断迭代学习方式优化控制策略，有助于在未知动态变化环境下实现更智能、精准、高效的控制。强化学习框架如图 5-1 所示，通过驱动智能体与环境交互，学习最优决策行为来最大化累积回报。

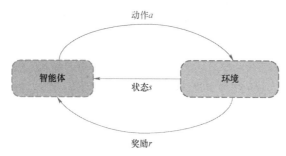

图 5-1　智能体与环境交互过程

　　强化学习由 5 个部分组成，分别是智能体、环境、状态、动作与奖励。其中，智能体是与环境互动、作出决策并从反馈中学习的实体；环境将对智能体的动作提供相应反馈、状态和奖励，其中状态是环境的状态和智能体的状态，奖励是环境的标量反馈，用于评估智能体动作的质量。智能体不断重复这一过程，在与环境交互的过程中积累经验，从而学会最大化自己的累积奖励。

　　马尔可夫决策过程（Markov Decision Process，MDP）是一个强化学习的数学框架，以马尔可夫性为基础，即环境中智能体的下一状态只与当前状态有关，与其他历史状态无关。

$$P(S_{t+1} \mid S_t) = P(S_{t+1} \mid S_t, S_{t-1} \cdots S_1) \tag{5-1}$$

　　式中，S_t 为智能体 t 时刻的状态。MDP 的元组 $(\mathcal{S}, \mathcal{A}, \mathcal{R}, \mathcal{T}, \gamma)$ 由五个部分组成，分别为状态、动作、转换概率、奖励和折扣。

　　① 状态空间 $\mathcal{S}$：智能体可能遇到的所有可能状态的集合。

　　② 动作空间 $\mathcal{A}$：智能体所有可以采取的动作集合。

　　③ 转换概率 $\mathcal{T}$：给定状态动作对的下一个状态的概率分布。

④ 奖励函数 $\mathcal{R}$：每个状态动作对或状态转换的奖励映射。

⑤ 折扣因子 γ：调节当前奖励与未来奖励的比重，$\gamma \in [0,1]$。

智能体的策略函数是状态到动作的映射，通常用 $\pi(a|s)$ 表示，它给出智能体在状态 s 下采取动作 a 的概率。智能体在状态 s 下执行策略 π 生成的动作 a，环境以概率转移到下一个状态，并同时将奖励 r 反馈给智能体。以此循环往复，可以通过累计奖励来衡量策略的性能，其中累计奖励称为回报，具体表示为：

$$G_t = r_t + \gamma r_{t+1} + \gamma^2 r_{t+2} + \cdots = \sum_{k=0}^{\infty} \gamma^k r_{t+k} \tag{5-2}$$

为了量化不同状态的作用，状态价值函数定义为从状态开始智能体遵循策略 π 将获得的期望回报，具体表示为：

$$V_\pi(s_t) = E_\pi[G_t \mid S_t = s] \tag{5-3}$$

动作价值函数中额外考虑了动作 a 的作用，用 $Q_\pi(s,a)$ 表示状态 s 下，执行动作 a 能够得到的期望回报：

$$Q_\pi(s,a) = E_\pi[G_t \mid S_t = s, A_t = a] \tag{5-4}$$

状态价值函数和动作价值函数存在如下关系：

$$V_\pi(s) = \sum \pi(a \mid s) \cdot Q_\pi(s,a) \tag{5-5}$$

相应地，动作价值函数等于即时奖励 r 加上经过衰减后所有可能的下一个状态 s' 的状态转移概率 $\mathcal{T}$ 与相应价值的乘积：

$$Q_\pi(s,a) = r(s,a) + \gamma \sum \mathcal{T}(s' \mid s,a) \cdot V_\pi(s') \tag{5-6}$$

如果对于所有状态动作对，都有一个策略的期望回报大于或等于其他所有策略的期望回报，则该策略为最优策略 π^*，即：

$$\pi^* = \arg\max Q_{\pi^*}(s,a) \tag{5-7}$$

5.1.2 多智能体强化学习基础理论

多智能体强化学习（Multi-Agent Reinforcement Learning，MARL）是一

种在多个智能体之间进行协作学习的方法。传统的强化学习方法主要关注单个智能体与环境之间的交互，而多智能体强化学习模型则着眼于多个智能体之间的合作与竞争。在多智能体强化学习模型中，每个智能体都具有自我感知和行动能力，并通过与环境进行交互来学习最优策略。多智能体情形相较于单智能体更为复杂，每个智能体需要在与环境交互的同时与其他智能体进行直接或间接的交互，大大提高了学习的难度。多智能体强化学习更具挑战性的原因如下。

① 动态环境。多智能体在实时交互中，环境是非稳态的。换言之，对于每个智能体而言，相同状态下采取相同动作可能导致不同的状态转移和奖励分布。这使得环境的变化更加复杂和不可预测。

② 多目标优化。多智能体强化学习中存在多个智能体，它们的目标可能相互冲突或不一致。因此，每个智能体在追求自身利益最大化的同时，需寻求一种平衡，兼顾与其他智能体之间的协作与竞争。

③ 训练和评估复杂度。多智能体强化学习的训练和评估复杂度较高。为了提高效率，可能需要采用规模化的分布式训练方法，以同时训练多个智能体。同时，因为需要考虑多个智能体之间的交互和影响，所以评估智能体的性能也变得更加困难。

多智能体环境下马尔可夫决策过程表示为一个元组 $(\mathcal{S}, \mathcal{A}, \mathcal{R}, \mathcal{T}, n_a)$，其中 n_a 为智能体的数量，$\mathcal{S} = (S_1, S_2, \cdots, S_{n_a})$ 表示所有智能体状态集合，$\mathcal{A} = (A_1, A_2, \cdots, A_{n_a})$ 表示所有智能体的动作集合，$\mathcal{R} = (r_1, r_2, \cdots, r_{n_a})$ 是智能体奖励集合，$\mathcal{T}$ 是环境状态转移概率。多智能体强化学习目标是在给定的马尔可夫决策过程中，找到一组最优动作策略 $\pi(a|s)$，使得在该组动作下的累积奖励最大。多智能体强化学习领域整体上分为两种不同结构——完全中心化、完全去中心化结构，主要区别在于智能体之间的协调程度。

完全中心化的 MARL 采用中央控制器的方法，协调系统内所有智能体的操作，如图 5-2 所示。在这种方法中，每个智能体都能够获取其他所有智能体状态，并与集中式控制器交互以确定其动作。集中式控制器接收来自所有智能体的状态，作出适当的动作决策后交由每个智能体执行。这种集中式架构允许所有智能体之间进行全面协调，从而有可能有效地实现全局目标。然而，它也面临通信开销增加、计算复杂性、单点故障率高等挑战。

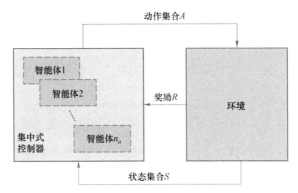

图 5-2　完全中心化多智能体强化学习

完全去中心化的 MARL 如图 5-3 所示。系统中的每个智能体独立自主运行，仅根据其自身的局部观察作出决策，而无需集中式控制器的任何协调。各智能体与环境交互，根据自身观察状态，独立生成动作策略。这种分散的方法减少了通信需求，消除了对中央控制器的需要，并增强了系统的可扩展性和鲁棒性。然而，这种方法要求每个智能体在没有其他智能体动作或状态的直接信息情况下学习和调整自身行为，大大增加全局协调和有效探索的难度。

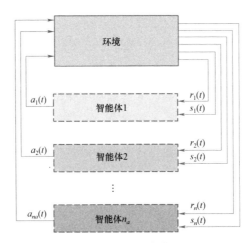

图 5-3　完全去中心化多智能体强化学习

完全中心化和完全去中心化的 MARL 方法都有其优点和局限性，完全中心化的 MARL 强调全局协调，但完全去中心化的 MARL 侧重于个体自主。在实践中，可以采用两者结合起来的混合方法，以在协调和自主之间取得平衡。这些混合架构利用全局通信和本地决策来高效地实现期望目标。

5.1.3　最大熵强化学习

最大熵强化学习（Soft Actor-Critic，SAC）在目标函数中引入了熵正则化[1]。熵是随机变量的随机程度，假设随机变量 X 的概率密度函数为 p，则熵 H 可以描述为：

$$H(X) = E_{x \sim p}[-\ln p(x)] \tag{5-8}$$

在最大熵强化学习中，策略 π 在状态 s_t 下的随机程度用熵表示为 $H(\pi(\cdot \mid s_t))$，其核心思想是在最大化累积奖励探索的同时，提高策略的随机性。因此，最优策略 π^* 可以描述为：

$$\pi^* = \arg\max_\pi E_{(s_t, a_t) \sim \rho_\pi} \left[\sum_t (R(s_t, a_t) + \sigma H(\pi(\cdot \mid s_t))) \right] \tag{5-9}$$

其中，S_t 和 a_t 是状态和动作，ρ_π 是轨迹分布的状态 – 动作边缘，σ 是温度系数。为了提高策略学习的效率，温度系数 σ 越大，则策略随机性越强，有助于实现探索未知行为。

进一步地，由于目标函数发生变化，则 Soft 贝尔曼方程可以描述为：

$$Q(s_t, a_t) = r(s_t, a_t) + \gamma E_{s_{t+1} \sim p}[V(s_{t+1})] \tag{5-10}$$

其中 γ 是折扣系数。因此，目标值函数可以描述为：

$$V(s_t) = E_{a_t \sim \pi}[Q(s_t, a_t) - \sigma \ln(\pi(a_t \mid s_t))] \tag{5-11}$$

Soft 策略提升公式是库尔贝克 – 莱布勒散度（Kullback-Leibler，KL），Soft 策略评估收敛到策略 π 的 Soft Q 函数。其中，策略 π 可以描述为：

$$\pi_{new} = \arg\min_{\pi' \in \prod} D_{KL} \left(\pi'(\cdot \mid s_t) \,\middle\|\, \frac{\exp\left(\dfrac{1}{\sigma} Q^{\pi old}(s_t, \cdot)\right)}{Z^{\pi old}(s_t)} \right) \tag{5-12}$$

式中，$\prod$ 为策略集，D_{KL} 为 KL 散度。配分函数 $Z(s_t)$ 用于归一化分布。重复交替使用 Soft 策略评估和 Soft 策略提升，策略最终可以收敛到最优策略。SAC 中构建了两个动作价值函数 Q 和一个策略函数 π。因此，动作价值函数的损失函数可以描述为：

$$J_Q(\vartheta) = E_{(s_t, a_t) \sim D}\left(\frac{1}{2}(Q_\vartheta(s_t, a_t) - (r(s_t, a_t) + \gamma E_{s_{t+1} \sim p}[V_{\bar{\vartheta}}(s_{t+1})]))^2\right)$$

$$(5-13)$$

式中，D 是一个经验回放池，用于存储与环境交互的数据。目标网络和在线网络用于使训练更加稳定。因此，基于 KL 散度的策略函数的损失函数可以化简为：

$$J_\pi(\delta) = E_{s_t \sim D, \varepsilon_t \sim N}\left(\sigma \ln(\pi_\delta(f_\delta(\varepsilon_t, s_t) \mid s_t)) - Q_\vartheta(s_t, f_\delta(\varepsilon_t, s_t))\right) \quad (5-14)$$

在连续动作空间中，策略函数输出为高斯分布的均值与方差，而采样动作的过程不可导，为此使用了重新参数化技巧。将重新参数化的策略表示为 $a_t = f_\delta(\varepsilon_t, s_t)$，其中 ε_t 是输入随机噪声。策略网络的损失函数可以化简为：

$$J_\pi(\delta) = E_{s_t \sim D, \varepsilon_t \sim N}\left(\sigma \ln(\pi_\delta(f_\delta(\varepsilon_t, s_t) \mid s_t)) - Q_\vartheta(s_t, f_\delta(\varepsilon_t, s_t))\right) \quad (5-15)$$

除此之外，温度系数 σ 对策略的选择极为重要，在最优动作不确定情况下，温度系数更大，当最优动作确定时，其取值更小。为了自适应调整温度系数，SAC 的优化目标可以建模为一个带约束的优化问题，即：

$$\max_\pi E_{\rho\pi}\left(\sum_t r(s_t, a_t)\right) \quad \text{s.t.} \quad E_{(s_t, a_t) \sim \rho\pi}(-\ln(\pi(a_t \mid s_t))) \geqslant H_0 \quad (5-16)$$

在最大化期望回报的同时，约束温度系数的均值大于 H_0，且其损失函数可以描述为：

$$J(\sigma) = E_{a_t \sim \pi(\cdot \mid s_t)}(-\sigma \ln(\pi_\delta(a_t \mid s_t)) - \sigma H_0)) \quad (5-17)$$

5.2　基于 SAC 强化学习的路径跟随控制方法

本节聚焦有限通信条件下六自由度欠驱动 AUV 的路径跟随控制问题，提出基于自注意力机制的最大熵强化学习（Self-Attention based Soft Actor and

Critic，A-SAC）算法实现 AUV 的路径跟随。使用间歇通信模型来表示欠驱动 AUV 的有限通信能力，引入自注意力机制增强对序列数据中特征信息的提取能力，对欠驱动 AUV 的状态空间、动作空间、奖励函数和网络结构进行设计。最后，在随机路径场景中对其进行训练，并在特定路径场景中进行验证。

5.2.1　问题描述

因为现有水声通信技术无法确保 AUV 实时获取预期位置，所以可以假设 AUV 采用固定频率的通信方式来获得预期位置，即存在间歇通信条件。如图 5-4 所示，AUV 正朝着声学调制解调器接收到的路径点的位置移动。其中，AUV 需要依靠有限的位置信息来实现路径跟随。

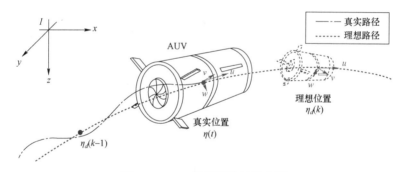

图 5-4　AUV 路径跟随的示意图

AUV 路径跟随是在间歇通信条件下控制 AUV 的运动路径贴近预定路径，即公式（5-18）。AUV 接收到的路径点是中断的预期路径信息，即 $[x_d(k), y_d(k), z_d(k)]$，其中，$k \in \{0, n, \cdots, bn | b \in N^+\}$，$n$ 是通信间隔。

$$\lim_{t \to \infty}(\boldsymbol{\eta}(t) - \boldsymbol{\eta}_d(t)) = 0 \qquad (5\text{-}18)$$

式中，$\boldsymbol{\eta}(t)$ 是 AUV 的位置矢量。$\boldsymbol{\eta}_d(t) = \left[x_d, y_d, z_d, 0, \arctan\dfrac{\dot{y}_d}{\dot{x}_d}, \arctan\dfrac{\dot{z}_d}{\sqrt{\dot{x}_d^2 \dot{y}_d^2}} \right]$ 是 AUV 在时刻 t 的预期位置矢量，$\dot{y}_d$、$\dot{x}_d$ 和 $\dot{z}_d$ 分别是 y_d、x_d 和 z_d 的速度。

5.2.2 方法原理

基于强化学习的 AUV 路径跟随控制方法可以被视为马尔可夫决策过程的表示[2]。AUV 不断地与环境交互，并根据环境的反馈和奖励信息来学习最优策略。AUV 的马尔可夫决策过程可以被描述为 $\langle \mathcal{S}, \mathcal{A}, \mathcal{T}, r \rangle$，其中，$\mathcal{S}$ 和 $\mathcal{A}$ 是 AUV 的连续的状态和动作空间，$\mathcal{T}$ 是状态的转换函数，r 是 AUV 执行动作 a 的奖励。本节所提出的 A-SAC 原理如图 5-5 所示。根据 AUV 自身的状态和有限的通信位置信息，A-SAC 的策略网络输出 AUV 的控制力矩。A-SAC 的框架包括状态空间、动作空间、奖励函数、网络结构和训练过程。在完成网络训练后，AUV 利用 A-SAC 的策略网络来实现路径跟随控制。

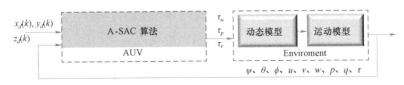

图 5-5　A-SAC 原理示意图

5.2.2.1 状态空间和动作空间

在执行路径跟随任务的过程中，AUV 的可观测状态信息包括其自身的速度信息和实时姿态 $s_f(t) = [\psi, \theta, \phi, u, v, w, p, q, r]$ 和预期位置 $s_d(t)$。由于目前水下通信技术的局限性，导致 AUV 很难通过水声通信实时接收到预期位置 $s_d(t)$，因此，AUV 利用间歇通信模型获得离散的预期位置 $[x_d(k), y_d(k), z_d(k)]$。为了限制状态的输入范围并减少测量值之间的差异，AUV 将相对位置包括位置和角度作为状态之一，即 $s_d(k) = [e_x, e_y, e_z, \alpha, \beta, l]$。其中，$e_x$、$e_y$、$e_z$ 分别是在随体坐标系下 AUV 到预期位置的距离，可以描述为：

$$[e_x(t), e_y(t), e_z(t)] = [x_e(t), y_e(t), z_e(t)] J_1(\psi, \theta, \phi) \tag{5-19}$$

式中，x_e、y_e 和 z_e 分别是在大地坐标系下 AUV 到预期位置的距离，可以描述为：

$$\begin{cases} x_e(t) = x(t) - x_d \\ y_e(t) = y(t) - y_d \\ z_e(t) = z(t) - z_d \end{cases} \tag{5-20}$$

α，β 和 l 分别是 AUV 到预期位置的水平角度，垂直角度和距离，可以描述为：

$$\begin{cases} \alpha(t) = \arctan(e_y(t)/e_x(t)) \\ \beta(t) = \arctan e_z(t)[e_x(t)^2 + e_y(t)^2]^{-0.5} \\ l(t) = \sqrt{x_e(t)^2 + y_e(t)^2 + z_e(t)^2} \end{cases} \tag{5-21}$$

由于预期位置是离散信息，我们将最近的三个预期位置作为预期状态序列。AUV 的状态空间被设计为：

$$s(t) = [s_f(t), s_d((b-2)n), s_d((b-1)n), s_d(bn)] \tag{5-22}$$

式中，b 表示在时刻 t 下 AUV 的通信总数。

根据六自由度欠驱动 AUV 模型，AUV 的动作空间被设计为：

$$\boldsymbol{a}_t = [\tau_u, \tau_q, \tau_r] \tag{5-23}$$

式中，τ_u、τ_q 和 τ_r 分别为 AUV 的推力、纵倾和艏向力矩，且都属于连续空间，即满足 $\tau_u \in [0, 200]$，$\tau_q \in [-200, 200]$ 和 $\tau_r \in [-200, 200]$。

5.2.2.2 奖励函数

强化学习中的奖励函数是评判策略优劣的主要指标，而六自由度欠驱动 AUV 的强耦合性也为其设计增添难度。本节将奖励函数分为动作约束和期望目标，动作约束为横滚角波动惩罚项，期望目标为目标偏差惩罚项。

（1）横滚角惩罚项

通常 AUV 动力学模型中认为其横滚角是自稳定的，而在六自由度的欠驱动 AUV 中横滚角极容易发生变化，导致对其他运动状态产生较大影响。为了保持横滚角的稳定性并减少对其他自由度的干扰，横滚角惩罚项可以描述为式（5-24）。当横滚角与角速度越小，惩罚力度也越小。

$$r_\psi = -w_\psi \psi^2 - w_p p^2 \tag{5-24}$$

式中，w_ψ 与 w_p 分别表示横滚角和角速度的权重系数。

（2）偏差惩罚项

该惩罚项的核心目标是控制 AUV 跟踪预期位置，可以描述为最小化纵倾与偏航误差和距离误差，即：

$$r_g = -w_\alpha \alpha^2 - w_\beta \beta^2 + w_l l_e^2 \tag{5-25}$$

式中，α 和 β 分别表示到目标位置的纵倾角误差和偏航误差，l_e 表示距离误差。当 AUV 与目标的距离越小，则可以忽略角度带来的惩罚，并通过指数形式极大地鼓励 AUV 探索接近目标的策略。距离误差 l_e 被建模为分段函数，即公式（5-26）。当 AUV 到目标的距离 e_d 大于等于常数 d_l 时，该 l_e 项为零；相反则给予正奖励。

$$l_e = \begin{cases} 0, & 1 - \dfrac{l}{d} < 0 \\ \dfrac{l}{d}, & \text{otherwise} \end{cases} \tag{5-26}$$

综上所述，最终的奖励函数可以描述为：

$$r = r_\psi + r_g = -w_\psi \psi^2 - w_p p^2 - w_\alpha \alpha^2 - w_\beta \beta^2 + w_l l_e^2 \tag{5-27}$$

5.2.2.3　网络结构

本节所提出 A-SAC 的算法框架如图 5-6 所示。在该算法框架中，A-SAC 包括五个深度神经网络，即两个基于自注意力机制的价值网络（包含一个目标网络和一个在线网络）和一个基于自注意力机制的策略网络。A-SAC 的网络架构如图 5-7 所示。基于自注意力机制的策略网络输入层分为两部分，一部分是其自身的状态信息 $s_f(t)$，另一个是预期位置的序列数据 s_d。在策略网络中，预期位置的序列数据 s_d 经过自注意力机制处理，并将其与自身的状态信息一起发送到隐藏层。隐藏层具有使用 ReLU 激活功能的大小为 128 的两个层。输出层对应于三个动作的高斯分布参数。价值网络的输入层比策略网络多了一个动作状态。

在上述网络架构中，本节设计自注意力机制引导 A-SAC 聚焦于重要特征信息。输入序列中的每个元素由矢量表示，并运用缩放点积来动态计算权重。自注意力机制允许模型关注重要元素并降低不太重要的元素的权重，使网络能够捕获长程依赖关系并更好地表示输入的语义结构。具体来说，过去的状态序列通过三个参数化线性映射来获得 $Q, K \in \mathbb{R}^{Ln \times n}$ 和 $V \in \mathbb{R}^{Ln \times L}$，其中 L 是 s_d 的长度。因此，注意力机制的权重 A 可以描述为：

$$A = \mathrm{softmax}\left(\frac{QK^{\mathrm{T}}}{\sqrt{n}}\right) \tag{5-28}$$

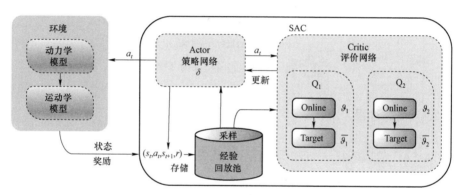

图 5-6　A-SAC 的算法框架

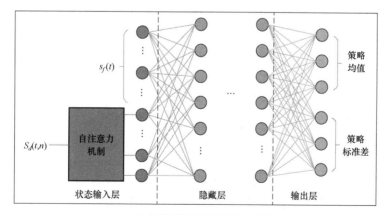

(a) 基于注意力机制的策略网络结构

图 5-7　A-SAC 的网络架构

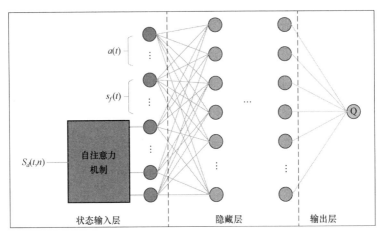

（b）基于注意力机制的价值网络结构

图 5-7　A-SAC 的网络架构（续）

5.2.2.4　训练过程

　　A-SAC 的训练算法如表 5-1 所示。其中，自注意力机制被添加到策略网络和价值网络，并通过相应的损失函数进行更新。训练算法通过复制在线网络的权重 ϑ_1、ϑ_2 来初始化目标网络的权重 $\overline{\vartheta}_1$、$\overline{\vartheta}_2$，并建立经验回放池。在与环境互动的过程中，AUV 的状态空间由实时信息 $s_f(t)$ 和三个通信数据序列 s_d 组成，并被输入到策略网络。其中，数据序列 $s_d[(b-2)n]$，$s_d[(b-1)n]$ 和 $s_d(bn)$ 被用于执行自注意力机制。策略网络 π_δ 输出动作 a_t。AUV 获得更新后的状态信息和奖励信息，并将当前样本放入经验回放池。A-SAC 从经验回放池中抽取一批数据用于训练线网络，并利用软更新策略将在线网络权重同步至目标网络。

表 5-1　A-SAC 训练过程

算法：self-Attention based Soft Actor and Critic（A-SAC）
输入：ϑ_1，ϑ_2，δ
输出：ϑ_1，ϑ_2，δ

续表

1. $\bar{\vartheta}_1 \leftarrow \vartheta_1$；
2. $\bar{\vartheta}_2 \leftarrow \vartheta_2$；
3. $D \leftarrow 0$；
4. for *each environment step* do
5. $s_t \leftarrow \left\{ s_f(t), s_d[(b-2)n], s_d[(b-1)n], s_d(bn) \right\}$；
6. $a_t \sim \pi_\delta(a_t \mid s_t)$； // 输出 a_t
7. $s_{t+1} \sim p(s_{t+1} \mid a_t, s_t)$；
8. $D \leftarrow D \cup \{[s_t, a_t, r(s_t, a_t), s_{t+1}]\}$；
9. 从经验池 D 中获得样本；
10. $\vartheta_i \leftarrow \vartheta_i - \lambda \hat{\nabla}_{\vartheta_i} J_Q(\vartheta_i)$ for $i \in \{1, 2\}$； // 更新网络根据式（5-16）
11. $\delta \leftarrow \delta - \lambda \hat{\nabla}_\delta J_\pi(\delta)$； //更新网络根据式（5-18）
12. $\sigma \leftarrow \sigma - \lambda \hat{\nabla}_\sigma J(\sigma)$； //更新温度系数根据式（5-20）
13. $\bar{\vartheta}_i \leftarrow \xi \vartheta_i + (1-\xi)\bar{\vartheta}_i$ for $i \in \{1, 2\}$； // 更新目标网络
14. end

5.2.3 仿真设置

本节将最大熵强化学习、近端策略优化（Proximal Policy Optimization，PPO）、深度确定性策略梯度（Deep Deterministic Policy Gradient，DDPG）、比例 – 微分 – 积分（Proportional- Derivative-Integral，PID）控制器作为对比算法来训练 AUV 的路径跟随策略，并分析策略性能。为了评估 A-SAC 的泛化能力，我们在两个场景中测试不同算法训练下 AUV 路径跟随策略。训练环境的硬件环境是 AMD Ryzen 7 4800H 处理器，16 GB 内存。软件环境为 Python 3.11 和 gym 0.14。本节使用 gym 框架在虚拟环境中对六自由度欠驱动 AUV 进行建模，其中流体动力学参数来自 Pettersen 等的研究[4]，见表 5-2。为了更好提高路径跟随控制策略的泛化能力，AUV 的初始位置随机生成。路径生成方法通过随机生成 P_{nums} 个三维路径点，并将多个三维路径点依照生成顺序拟合出一条三维路径曲线。

表 5-2　流体动力学参数

参数	值	参数	值
m_{11}	215 kg	d_{11}	70 kg/s
m_{22}	265 kg	d_{22}	100 kg/s
m_{33}	265 kg	d_{33}	100 kg/s
m_{44}	40 kg · m²	d_{44}	30 kg · m²/(s · rad)
m_{55}	80 kg · m²	d_{55}	50 kg · m²/(s · rad)
m_{66}	70 kg · m²	d_{66}	50 kg · m²/(s · rad)
ρ	1 kg/m³	m	1 813 kg
g	9.8 N/m²	Z_G	0.02 m

路径点随机生成方法如表 5-3 所示。首先，设置起始路径点 P_1 坐标为（0，0，0），初始方向角 α_g 和 β_g 为 0，与下一个路径点的距离用 l_g 表示，在本实验中为 30。路径点数目 P_{nums} 为 4。鉴于 AUV 的运动约束，随机生成一个小于 30 度的角度叠加在原始角度 α_g 和 β_g 上。然后，根据给定的下一路径点距离 l_g，通过极坐标与笛卡尔坐标转换公式得到新的相对位置，并叠加在原始位置 (x, y, z) 上获得新的符合运动约束的下一路径点。最后重复上述步骤以获得路径点的完整集合 $\mathbb{P}$。

表 5-3　路径点随机生成方法

算法：Path Points Generation method
输入： $P_{\text{nums}}, x, y, z, \alpha_g, \beta_g, l_g$
输出： $\mathbb{P}$
1. while $P_{\text{nums}} - 1 \neq 0$ do;
2. $\alpha_g \leftarrow \alpha_g + \text{Random}\left(-\dfrac{\pi}{6}, \dfrac{\pi}{6}\right)$;

3.	$\beta_g \leftarrow \beta_g + \text{Random}\left(-\dfrac{\pi}{6}, \dfrac{\pi}{6}\right)$;
4.	$x \leftarrow x + l_g \cos(\alpha_g)\cos(\beta_g)$;
5.	$y \leftarrow y + l_g \sin(\alpha_g)\cos(\beta_g)$;
6.	$z \leftarrow z - l_g \sin(\beta_g)$;
7.	$\mathbb{P} \leftarrow \mathbb{P} \cup \{(x, y, z)\}$;
8.	$\mathbf{P}_{\text{nums}} \leftarrow \mathbf{P}_{\text{nums}} - 1$;
9.	end

　　根据路径点集合 $\mathbb{P}$，采用三次样条插值方法生成一条连续的三维路径。三次样条插值方法是一种强大的函数逼近技术。通过将区间细分为更小的子区间，并构造与指定数据点的函数值匹配的分段三次多项式。在施加数据点处的一阶导数和二阶导数的连续性条件，获得平滑且连续的曲线。

　　如图 5-8 所示随机路径生成的实例，绿色圆锥阴影放射下的区域是依赖于上一个路径点所能够到达区域，在该范围下随机选择下一个路径点。在该规则下随机多个路径点后，使用三次样条插值方法最终获得三维路径。

图 5-8　随机路径的示意图

　　在间歇通信方面，该节设置 AUV 以 0.5 Hz 频率接收最新的预期位置。此外，奖励函数的权重 w_ψ、w_p、w_α、w_β、w_l、d 分别为 1、1、0.6、0.6 和 25。A-SAC 的训练使用 Adma 优化器，其训练参数设置见表 5-4。

　　为了验证 AUV 的路径跟踪性能，下面给出了两个不同场景，包括初始状态和路径。AUV 的初始状态可以描述为：

$$\begin{cases} \boldsymbol{\eta}_1(0) = [-2,-33,-90,0,0,0]^{\mathrm{T}} \\ \boldsymbol{\eta}_2(0) = [-2,20,-200,0,-0,0127,0.876]^{\mathrm{T}} \end{cases} \tag{5-29}$$

两个场景下预期路径可以描述为：

$$\begin{cases} x_{d1}(t) = 35\sin(0.015t) \\ y_{d1}(t) = -35\cos(0.015t) \\ z_{d1}(t) = 10\cos(0.04t) - 100 \end{cases} \tag{5-30}$$

$$\begin{cases} x_{d2}(t) = 0.5t \\ y_{d2}(t) = 20\sin(0.03t) \\ z_{d2}(t) = 10\arctan(0.1t - 10) - 30 \end{cases} \tag{5-31}$$

表 5-4 A-SAC 的训练参数

参数	值	参数	值
λ	$3\mathrm{e}^{-4}$	批采样大小/条	256
γ	0.99	经验回放池容量/条	$1\mathrm{e}^6$
ξ	0.005	最大迭代步数/步	$9\mathrm{e}^5$

为了进一步说明此方法的性能，使用 100 个随机生成的轨迹和训练的策略来计算平均控制误差，即式（5-23）。

$$e_d = \frac{1}{t}\int \sqrt{x_e(t)^2 + y_e(t)^2 + z_e(t)^2}\,\mathrm{d}t \tag{5-32}$$

5.2.4 仿真结果

本节评估 A-SAC 和经典强化学习方法（SAC、PPO 和 DDPG）的训练奖励曲线，如图 5-9 所示。从图 5-9 中可以看出，SAC 和 A-SAC 算法的累积奖励超过-200，而 PPO 获得的奖励低于-400。在同一个回合下，A-SAC 算法的平均奖励比 SAC 算法高出 100，但两种算法最终获得的奖励相对接近。相比之下，经过广泛的训练，DDPG 的累积奖励仍然在-600 左右，而 PPO 可以达到 300 左右，这意味着 DDPG 的 AUV 控制策略存在一定的局限性。

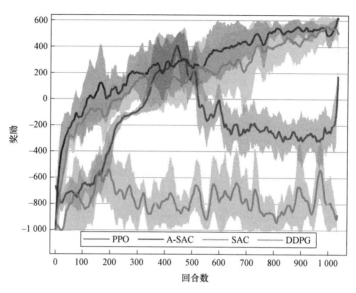

图 5-9　不同方法的训练奖励曲线

在不同场景下，本节使用上述方法评估 AUV 的路径跟随策略，并引入经典的 PID 控制器。不同方法沿预期路径 1 和 2 的跟踪轨迹，结果如图 5-10 和图 5-11 所示。SAC、A-SAC、PPO 和 PID 算法的路径跟随策略可以完成 AUV 路径跟随任务，而 DDPG 的跟踪路径与预期路径完全相反。很明显，DDPG 难以获得较好的路径控制策略并输出无意义的行动决策。这是因为 DDPG 模型对超参数具有高度依赖性，多次尝试仍无法寻找到合适的超参数来完成 AUV 路径跟随任务。虽然 PPO 可以完成间歇性通信下路径控制任务，但其在路径 1 和路径 2 中存在多重螺旋现象，这是因为间歇性通信导致 AUV 超过预期位置，使得 AUV 需要再次将其向后重新定位到预期位置。虽然 PID 控制器在路径 1 中运行良好，但其在路径 2 中发生螺旋现象且最终会停止前进。此外，A-SAC 的路径跟随结果比 SAC 更接近理想路径，并且没有显著的螺旋现象。因此，A-SAC 的路径跟随结果要优于 SAC、PPO 和 PID 算法。

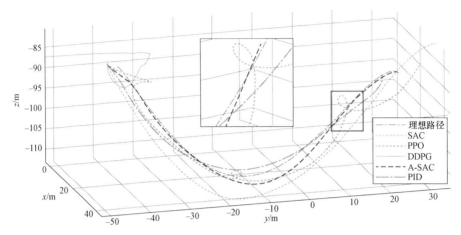

图 5-10　路径 1 下不同方法的跟踪轨迹

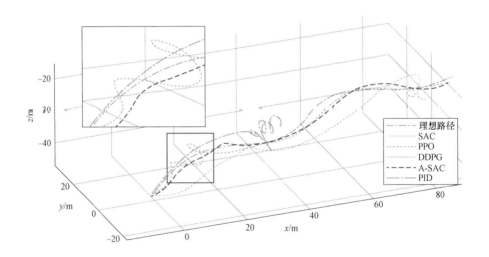

图 5-11　路径 2 下不同方法的跟踪轨迹

从控制误差图 5-12 和图 5-13 可以看出,DDPG 的控制误差一直在不断增加,而 PID 的控制误差在路径 2 中停止后也迅速增加。由于路径跟随过程的螺旋现象,PPO 的控制误差一直存在波动。在两种场景下,SAC 的控制误差相对稳定,而 A-SAC 则具有较低的控制误差。因此,A-SAC 的控制误差要优于 DDPG、PID、PPO 和 SAC。

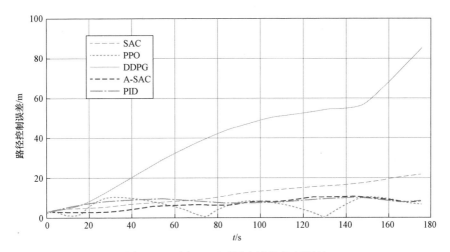

图 5-12　路径 1 下不同方法的控制误差

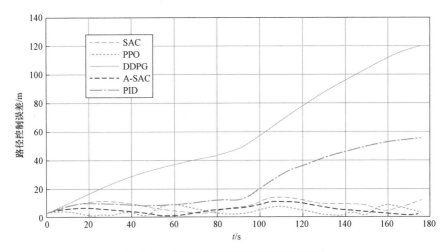

图 5-13　路径 2 下不同方法的控制误差

由于欠驱动 AUV 的跟踪误差会对路径跟随产生不利影响，本节分析不同方法下 AUV 的跟踪误差，如图 5-14 和图 5-15 所示。在图 5-14 中，PPO 的路径轨迹存在几次明显的转弯，并且其滚转角的波动 ϕ_e 高于其他方法。此外，PID 在 95 s 后出现类似现象。除 PPO 和 PID 外的其他方法表现出相对稳定的侧倾角，尤其是 A-SAC 方法。此外，根据方向误差 ϕ_e 可以发现，PPO 在路径 1、2 中经历了三次转弯，进而导致 AUV 的跟踪路径出现螺旋路径现象。

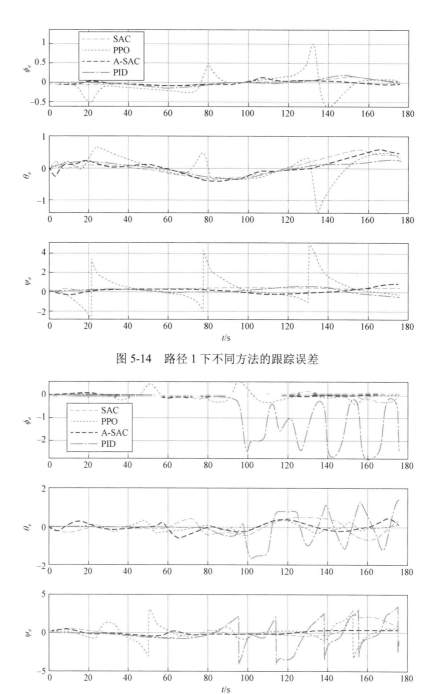

图 5-14　路径 1 下不同方法的跟踪误差

图 5-15　路径 2 下不同方法的跟踪误差

如图 5-16 所示，本节使用 100 个随机路径来分析不同方法下路径跟踪的平均控制误差。DDPG 存在 15 个平均控制误差的波动，这意味着该算法的策略不适用于这种情况。至于 PID 的平均控制误差存在一个非常小的波动，即不超过 1 个平均控制错误且主要集中在 7 个控制错误左右。PID 的平均控制误差高于 PPO 算法。相比之下，A-SAC 的平均控制误差低于 SAC 算法，因此其在大多数路径上比其他方法有更好的控制效果。此外，A-SAC 可以在 75% 的路径中实现低于 5 的控制误差，而 SAC 的控制误差在 50% 的路径中仍然高于 5。这是因为在间歇性通信下注意力机制可有效地提取特征信息，有助于提高 A-SAC 的路径跟随效果。由仿真结果可知，在间歇通信条件下，A-SAC 可以有效地降低欠驱动 AUV 的控制误差[4]。

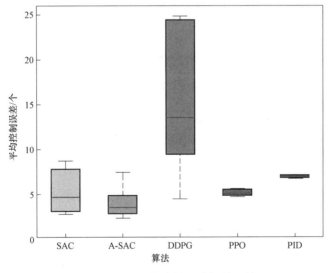

图 5-16　不同算法的平均控制误差

5.3　基于分布式多机强化学习的编队控制方法

　　在实际应用中，多 AUV 在执行编队任务时需要考虑多 AUV 之间的相互协同。具体而言，AUV 的编队控制涉及以下三个主要问题：① 水声通信的不可靠性，很难保证领导者 AUV 和跟随者 AUV 之间的一致性；② 传统控制律的设计是烦琐的，并且依赖于 AUV 的精确模型参数；③ 对于大多数传统方法需要对整个环境进行精确建模。特别是，传统方法无法提前考虑未知洋流等因素影响。

为解决上述问题，本节考虑分布式架构下多 AUV 编队控制问题，提出一种基于分布式架构和自注意力机制的最大熵强化学习（Decentralized Self-Attention-based Soft Actor-Critic，DEC-ASAC）算法，引入分布式强化学习架构和自注意力机制，使得 AUV 能够独立学习编队控制策略。针对领导者 AUV 和追随者 AUV，设计了相应的状态空间、动作空间和奖励函数。所提出的 DEC-ASAC 算法可以在训练过程中稳定有效地学习控制策略，实现多 AUV 协同控制，使其保持不同的编队形状。

5.3.1 问题描述

如图 5-17 所示，本节建立由虚拟领导者 V_L 与虚拟跟随者 V_{Fi} 所组成的理想编队结构。其中，虚拟跟随者 V_{Fi} 位于虚拟领导者的载体坐标系下水平角 α_1、垂直角 β_1 和距离 d_1 的位置。此外，领导者 AUV 负责编队轨迹，确定整体集群的运动方向，而 m 个跟随者 AUV 通过跟踪虚拟领导者 AUV 形成编队队形。

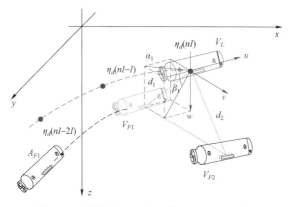

图 5-17 领导者−跟随者的 AUV 编队结构

其中，领导者 AUV 已预先获取全部路径信息 $\eta_L(t)=[x_L(t),y_L(t),z_L(t)]$，并通过间歇通信方式发布其虚拟领导者的位置；跟随者 AUV 只能够收到领导者 AUV 发送的离散目标位置 $\eta_L(nI)$，其中，n 为已发送数据包总数，I 为通信间隔。跟随者 AUV 根据有限信息到达虚拟跟随者位置来实现 AUV 编队控制。

此外，本节假设以下条件。

① 相同的 AUV 执行编队控制任务。因此，领导者–跟随者的 AUV 动力学模型可以描述为：

$$\dot{\eta}(t)=J(\eta)\left(\frac{\tau_i}{C(v)+D(v)}+\frac{\tau_d-M\dot{v}-g(\eta)}{C(v)+D(v)}\right) \tag{5-33}$$

式中，$J(\eta)\left(\dfrac{\tau_i}{C(v)+D(v)}\right)$ 是跟随者 AUV 的控制输入，受领导者 AUV 控制输入的上界约束。

② 时变外部环境扰动是可微和有界的，即 $\max\left(\left\|\tau_{u_d}\right\|,\left\|\tau_{v_d}\right\|,\left\|\tau_{r_d}\right\|\right)\leqslant T_m$，且 $\max\left(\left\|\dot{\tau}_{u_d}\right\|,\left\|\dot{\tau}_{v_d}\right\|,\left\|\dot{\tau}_{r_d}\right\|\right)\leqslant T_{d_m}$。此外，速度 u 是有界的，即 $\max(\|u\|)\leqslant u_{\max}$。

综上所述，领导者–跟随器编队控制问题可以描述为面向虚拟跟随器的目标跟踪和编队保持问题。因此，该编队控制问题的数学优化目标是设计一个合理的控制器，确保在水声通信下真实跟随者 A_F 和虚拟跟随者 V_F 之间的位置误差为零，即：

$$\begin{cases}\lim\limits_{t\to\infty}(x_{A_F}-x_{V_F})=0\\[2mm]\lim\limits_{t\to\infty}(y_{A_F}-y_{V_F})=0\\[2mm]\lim\limits_{t\to\infty}(z_{A_F}-z_{V_F})=0\end{cases} \tag{5-34}$$

5.3.2　方法原理

与其他强化学习方法相比，SAC 算法采用了随机策略选择动作，并通过熵正则化提高未知动作的探索能力，以提升学习速度，同时超参数较少，稳定性更高。因此，引入 SAC 算法和分布式强化学习架构，提出 DEC-ASAC 算法来实现 AUV 编队控制。分布式架构下编队控制模型如图 5-18 所示，每个 AUV 作为独立智能体与训练环境进行独立交互，并根据奖励函数和状态信息学习编队控制的最优策略。其中，领导者 AUV 采用传统的 SAC 算法根据预定路径进行运动；跟随者 AUV 采用 DEC-ASAC 算法，利用有限的领导者位置信息来实现编队控制，具体过程是根据当前状态 s 产生动作 a，经过跟随者 AUV 执行后从环境中获得新自身反馈状态 s_f'，同时与领导者 AUV 信息 η_d' 组合为完整状态 s，并由 DEC-ASAC 算法再次产生动作，以此往复。此外，考虑到领导者与跟随者存在一定信息交互，而领导者与跟随者集中训练将大幅提高在低端算力平台上训练的难度。因此，建立一种虚拟通信方式来模拟领导者 AUV 与跟随者 AUV 之间的通信过程，实现 AUV 编队控制的分布式学习。

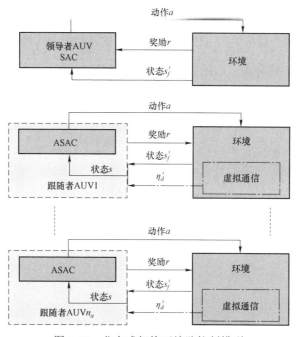

图 5-18　分布式架构下编队控制模型

至于领导者 AUV 和跟随者 AUV 的动作空间与奖励函数与 5.2.2 节相同，本节不对其进行赘述。

5.3.2.1　状态空间

领导者 AUV 的状态空间由两部分组成，即自身状态（实时位置和速度信息）$l(t)=[\psi,\theta,\phi,u,v,w,p,q,r]$ 和目标位置误差 $s_d(t)=[e_x,e_y,e_z,e_\alpha,e_\beta,e_d]$。其中，$e_x$、$e_y$ 和 e_z 分别表示在大地坐标系中领导者 AUV 到目标位置之间的实时误差，e_α、e_β 和 e_d 分别表示在大地坐标系中领导者 AUV 到目标位置的水平角、垂直角和直线距离的误差。具体计算过程与式（5-19）～式（5-22）相类似。

跟随者 AUV 的状态空间由自身状态（实时位置和速度信息）$s_f(t)=[\psi,\theta,\phi,u,v,w,p,q,r]$ 和目标位置误差矩阵 $s_d(t,k)=[e_x,e_y,e_z,e_\alpha,e_\beta,e_d]$。由于跟随者 AUV 不具备全局目标位置信息，只能通过有限的通信获取来自领导者 AUV 发送的位置信息。根据间歇通信模型，跟随者 AUV 接收离散的领导者 AUV 目标位置为 $\eta_L(k)=[x_L(k),y_L(k),z_L(k),\psi_L(k),\theta_L(k),\phi_L(k)]$，$k\in D_L$，$D_L$ 为领导者的通信时间戳集合。由于每个跟随者 AUV 都处在不同编队位置，需要将领导者 AUV 的目标位置转换到跟随者目标位置，可以描述为：

$$\begin{cases} x_R = x_L - d(\cos\psi_L\cos\theta_L\sin\beta\cos\alpha - \sin\psi_L\sin\alpha\sin\beta + \sin\theta_L\cos\psi_L\cos\beta) \\ y_R = y_L - d(\sin\psi_L\cos\theta_L\cos\alpha\sin\beta + \cos\psi_L\sin\alpha\sin\beta + \sin\theta_L\sin\psi_L\cos\beta) \\ z_R = z_L - d(-\sin\theta_L\cos\alpha\sin\beta + \cos\theta_L\cos\beta) \end{cases}$$

$$(5\text{-}35)$$

目标位置误差与自身状态和已接收的离散领导者目标位置有关，具体表示为 $s_d(t,k)=f\left(s_{ft+1},\eta_L(kI)\right)=[e_x,e_y,e_z,e_\alpha,e_\beta,e_d]$，其中 e_x、e_y 和 e_z 为跟随者 AUV 在载体坐标系下与目标位置的距离误差，即：

$$[e_x(t),e_y(t),e_z(t)]=[x_e(t),y_e(t),z_e(t)]\times J_1(\psi,\theta,\phi) \quad (5\text{-}36)$$

其中，跟随者 AUV 在大地坐标系下的误差可以描述为：

$$
\begin{cases}
x_e(t) = x(t) - x_R(k) \\
y_e(t) = y(t) - y_R(k) \\
z_e(t) = z(t) - z_R(k)
\end{cases}
\tag{5-37}
$$

同时，跟随者 AUV 与目标位置的相对角度和距离可以描述为：

$$
\begin{cases}
e_\alpha(t) = \arctan \dfrac{e_y(t)}{e_x(t)} \\[2mm]
e_\beta(t) = \arctan\left(\dfrac{e_z(t)}{\sqrt{e_x(t)^2 + e_y(t)^2}} \right) \\[2mm]
e_d(t) = \sqrt{x_e(t)^2 + y_e(t)^2 + z_e(t)^2}
\end{cases}
\tag{5-38}
$$

由于跟随 AUV 的目标位置是离散信息，此处使用最接近的三个目标位置误差来形成目标矩阵，可以描述为：

$$
\boldsymbol{S}_d(t,n) = \begin{bmatrix}
s_d(t,n) \\
s_d(t,n-1) \\
s_d(t,n-2)
\end{bmatrix}
\tag{5-39}
$$

5.3.2.2　网络结构

DEC-ASAC 算法中有两种类型的模型：传统 SAC 和 A-SAC 算法。其中，领导者 AUV 采用传统的 SAC 算法，跟随者 AUV 采用 A-SAC 算法。相较于 SAC 算法，A-SAC 算法为特征提取添加自注意力机制，具体可参考 5.2.2。具体而言，领导者 AUV 的动作网络是一个深度全连接神经网络，具有大小为 15 的输入层，大小为 128 的两个隐藏层和大小为 3 的一个输出层，并采用 ReLU 激活函数。领导者 AUV 的价值网络也是深度全连接神经网络，具有大小为 18 的输入层、大小为 128 的两个隐藏层和大小为 1 的一个输出层。至于跟随者 AUV，其动作网络也是深度全连接神经网络，输入层大小为 27，两个隐藏层大小为 128，输出层大小为 3，采用 ReLU 激活函数。跟随者 AUV 的价值网络也是深度全连接神经网络，具有大小为 30 的输入层、大小为 128

的两个隐藏层和大小为 1 的一个输出层。训练中使用了 Adma 优化器。具体对应参数见表 5-5 和表 5-6。

表 5-5　策略网络

名称	领导者 AUV（SAC）		跟随者 AUV（ASAC）	
	自身状态信息	目标位置	自身状态信息	领导者位置序列数据
输入层	9	6	9	3*6
特征提取	—	—	—	6
全连接层	2*128		2*128	
输出层	3		3	

表 5-6　价值网络

名称	领导者 AUV（SAC）			跟随者 AUV（ASAC）		
	自身状态信息	目标位置	动作	自身状态信息	领导者位置序列数据	动作
输入层	9	6	3	9	3*6	3
特征提取	—	—	—	—	6	—
全连接层	2*128			2*128		
输出层	1			1		

在编队控制场景下，跟随者 ASAC 的训练算法如表 5-7 所示。在初始化阶段，ASAC 将在线价值网络权重复制给目标价值网络，保证在线与目标网络的初始权重相同，并建立经验回放池来存储训练样本。在与环境交互的每个步骤中，根据策略网络生成动作 a_t，AUV 执行后得到最新自身状态 s_{ft+1} 与奖励 $r(s_t, a_t)$。当前时间为 I 的整数倍时，记录预期通信时间戳 t 并存入通信集 D_L 中，依赖时间戳将领导者位置传输给跟随者来模拟领导者通信的信息传递过程。将当前自身状态与通信信息融合并组成完整状态信息 s 并放入经验回放池 D 中。随后，从经验回放池随机抽取一批数据，计算损失函数的梯度来更新在线网络、策略网络与温度系数。最后将在线网络权重根据软更新系数 τ_{su} 更新至目标网络。

表 5-7　跟随者 ASAC 训练算法

算法：self-Attention based Soft Actor and Critic for follower AUV.
Input: ϑ_1，ϑ_2，δ
Output: ϑ_1，ϑ_2，δ
1. $\bar{\vartheta}_1 \leftarrow \vartheta_1$；
2. $\bar{\vartheta}_2 \leftarrow \vartheta_2$；
3. $D \leftarrow 0, D_L \leftarrow 0$；
4. for *each iteration* do
5. for *each environment step* do
6. $a_t \sim \pi_\delta(a_t \mid s_t)$； // 策略网络根据状态 s_t 生成策略 a_t
7. $s_{ft+1} \sim p(s_{t+1} \mid a_t, s_t)$； // 执行动作并达到最新状态 s_{ft+1}
8. if $t/n \in N$ do
9. $D_L \leftarrow D_L \bigcup \{t\}$； // 记录通信时间
10. $n = n+1$； // 记录通信总频次
11. end
12. for i in $\{0,1,2\}$ do
13. $s_d(t, n-i) \leftarrow f[s_{ft+1}, \eta_L(nI-iI)]$； // 将通信领导者信息与自身状态信息组合
14. end
15. $s_{t+1} \leftarrow s_{ft+1} \bigcup \{(s_d(t,n), s_d(t,n-1), s_d(t,n-2))\}$； // 组成状态集合
16. $D \leftarrow D \bigcup \{[s_t, a_t, r(s_t, a_t), s_{t+1}]\}$； // 将动作状态奖励对加入经验回放池
17. end
18. for *each gradient step* do
19. 从经验回放池中 D 随机采样一批数据
20. $\vartheta_i \leftarrow \vartheta_i - \lambda \hat{\nabla}_{\vartheta_i} J_Q(\vartheta_i)$ for $i \in \{1,2\}$； // 更新在线价值网络
21. $\delta \leftarrow \delta - \lambda \hat{\nabla}_\delta J_\pi(\delta)$； // 更新策略网络权重
22. $\sigma \leftarrow \sigma - \lambda \hat{\nabla}_\sigma J(\sigma)$； // 更新温度系数
23. $\bar{\vartheta}_i \leftarrow \tau_{su} \vartheta_i + (1-\tau_{su}) \bar{\vartheta}_i$ for $i \in \{1,2\}$； // 更新目标价值网络
24. end

5.3.3　仿真设置

本节将所提出的 DEC-ASAC 算法应用于模拟环境中的多 AUV 编队控制，在各种详细的场景中评估了多 AUV 的运动规划和编队控制，从而验证 DEC-ASAC 算法的有效性。

计算硬件平台处理器为 AMD Ryzen74800H，运行内存为 16 GB。编程语言为 Python 3.11，虚拟仿真环境为 OpenAI 健身房环境。目标位置信息以 0.5 Hz 的频率间歇性地发送到跟随者 AUV。其中经过反复调试后的奖励函数的权重见表 5-8。

表 5–8　奖励权重

参数	值	参数	值
w_ψ	1	w_α	0.6
w_l	0.6	w_p	1
w_β	0.6	d_l	25

考虑到训练过程中跟随 AUV 可能存在严重偏离航路、停滞不前等异常情况，导致训练陷入局部最优，造成无意义的资源消耗，严重影响训练效率。为了有效提高训练效率，我们通过设置合理的训练终止条件干预训练过程，减少出现控制异常后的无意义动作。训练终止条件设计如下。

① 奖励低于−1000：无意义的动作导致惩罚累计超出阈值，本轮的训练已经无法回到理想位置，则结束本次训练并重新开始新一轮训练。

② 到达目标终点：AUV 到达的目标位置终点附近。

③ 超出最大仿真时间：AUV 以缓慢速度或进行不相关运动导致本轮测试时间过长。

DEC-ASAC 算法的训练参数见表 5-9。

表 5–9　DEC–ASAC 训练参数

参数	值	参数	值
策略网络学习速率 λ	3e^{-4}	动作评价网络学习速率	3e^{-4}
折扣系数 γ	0.99	经验回放池容量/条	9e^6
软更新系数	0.005	最大迭代步数/步	1e^5
优化器	ADAM	批采样大小/条	256

仿真实验中包含一个领导者 AUV，两个跟随者 AUV；两个不同的测试场景包括编队形状、初始状态及轨迹，其中编队形状设定见表 5-10。

表 5–10　编队参数

参数	直角等腰三角形			倒等边三角形		
	水平角/rad	垂直角/rad	距离/m	水平角/rad	垂直角/rad	距离/m
跟随者 1	$3\pi/4$	$\pi/2$	5	$\pi/6$	$\pi/2$	5
跟随者 2	$3\pi/4$	$-\pi/2$	5	$\pi/6$	$-\pi/2$	5

5.3.4　仿真结果

仿真实验中首先对领导者 AUV 进行测试，通过比对 ASAC、SAC、DDPG 和 PPO 在随机轨迹下验证不同方法的性能结果，最后分析了两种不同轨迹下的控制误差。在此基础上对跟随者 AUV 进行测试，对比了各算法在随机轨迹下的性能结果来验证自注意力机制的作用。最后对 AUV 集群进行编队测试。

5.3.4.1　领导者 AUV 的跟踪结果

领导者 AUV 在训练过程中的平均奖励值如图 5-19 所示，PPO 算法和 SAC 在训练开始后很快得到正奖励。SAC 算法在 200 至 600 轮时，波动较大，但奖励仍然持续上升；相反，PPO 算法奖励开始下降。而 DDPG 算法的奖励曲线表现较差，总奖励难以突破零。

图 5-20 为两种路径下领导者 AUV 的跟踪轨迹，由 DDPG 控制的领导者 AUV 绿色实线轨迹与理想路径方向一致，但受仿真时间限制，最终未能到达

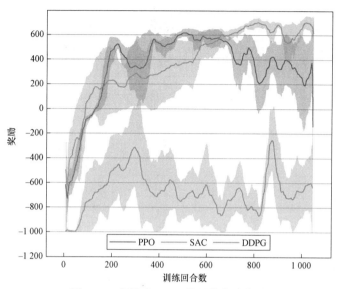

图 5-19 领导者 AUV 的训练奖励曲线

终点。相比之下，SAC 和 PPO 与期望的理想路径更接近，在运动过程中不断修正以遵循期望路径运动，最终都到达终点。

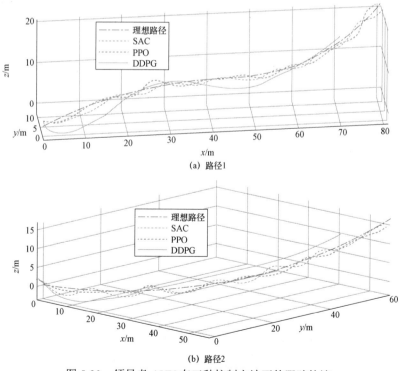

图 5-20 领导者 AUV 在三种控制方法下的跟踪轨迹

图 5-21 展示了领导者 AUV 在跟踪路径过程中在大地坐标系下的位置误差变化。在两种路径下，SAC 与 PPO 的误差都在零附近波动，能够保持较低

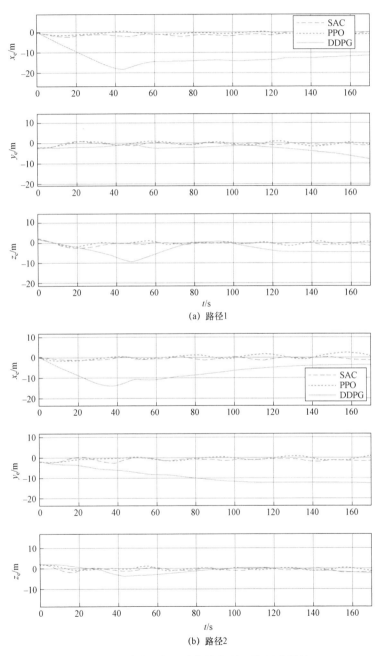

(a) 路径1

(b) 路径2

图 5-21　领导者在三种方法控制下的跟踪误差

的误差。而 DDPG 主要误差来自 x 方向，在路径 1 中随着时间的增加，其误差逐渐增加，最终存在 10 m 左右的误差；在路径 2 中 40 s 时误差达到最大，但在 170 s 的仿真结束后，仍存在 10 m 以上的误差。

图 5-22 展示了领导者 AUV 的姿态控制结果，由于 DDPG 方法与目标路径误差较大，使得 DDPG 驱动的领导者 AUV 距离目标位置角度更小，因此姿态调整更缓慢，姿态误差更平滑。其他方法在跟踪轨迹的过程中在不断修正姿态，从而能够跟踪预期路径。

5.3.4.2　跟随者 AUV 的跟踪结果

在跟随者 AUV 的控制测试中，ASAC 与经典强化学习方法（SAC、PPO 和 DDPG）进行对比。本节展示了不同方法训练过程中的奖励变化，并展示

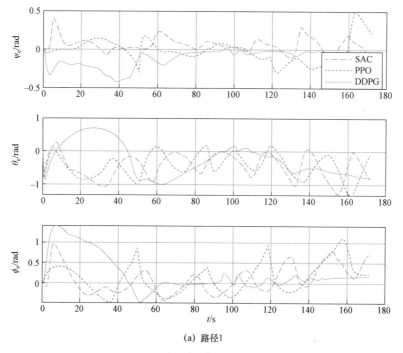

(a) 路径1

图 5-22　领导者 AUV 在三种方法控制下的角度误差

177

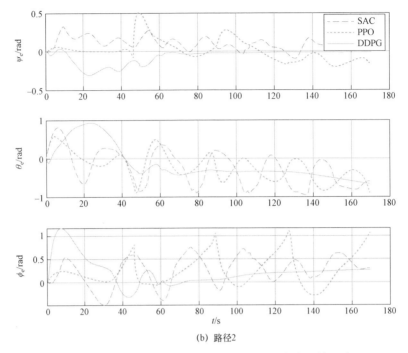

(b) 路径2

图 5-22 领导者 AUV 在三种方法控制下的角度误差（续）

了两种不同路径下的跟踪效果，通过位置误差和姿态误差验证了 ASAC 方法的有效性。

跟随者 AUV 的训练奖励曲线如图 5-23 所示。其中，SAC 和 ASAC 方法在第 100 轮时就获得了高于 -200 的奖励，而 PPO 才取得了不到 -600 的奖励。在相同训练轮下，ASAC 方法的平均奖励比 SAC 方法高约 100 的奖励值，但最终这两种方法获得的奖励较为接近。

在间歇通信条件下，测试跟随者 AUV 在两条随机路径上的路径跟踪效果。在图 5-24 中，深灰间断点为发送给跟随者 AUV 的领导者 AUV 位置信息，粗实线为跟随者 AUV 的期望轨迹。在四种方法的控制策略下，四条轨迹区别明显。细实线是 DDPG 下跟随者 AUV 轨迹，由图 5-24 可知该方法未能成功控制跟随者 AUV 按照预定的路径行驶，反而使其严重偏离了预期的航向。点线为 PPO 下跟随者 AUV 轨迹，该轨迹在期望路径附近波动。

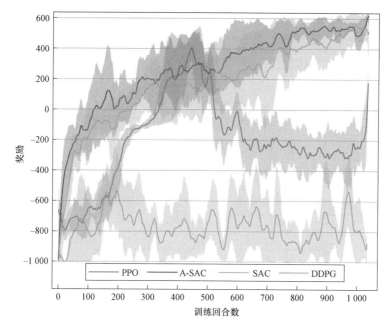

图 5-23　跟随者 AUV 的训练奖励曲线

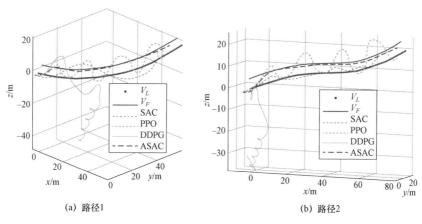

(a) 路径1　　　　　　　　　　　　(b) 路径2

图 5-24　不同方法在模拟领导者通信下的跟随者轨迹

长虚线为 SAC 下跟随者 AUV 轨迹，该轨迹波动较小，但是也存在一定偏差。短虚线为 ASAC 下跟随者 AUV 的轨迹，由图可知，该轨迹能平稳跟随期望轨迹，有效证明算法良好的轨迹跟踪性能。图 5-25 详细描述了四种方法跟踪过程中在大地坐标系下的位置误差。

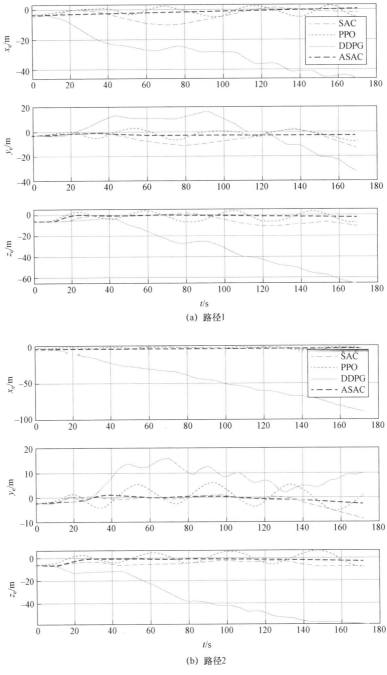

(a) 路径1

(b) 路径2

图 5-25　跟随者 AUV 的跟踪误差

由图 5-25 可知，DDPG 的跟踪误差从仿真开始后持续上升，远高于其他三种方法。PPO 方法的跟踪误差一直在零点附近波动，在路径 2 的 y 轴中较为明显。SAC 方法的误差波动相较于 PPO 更小，但存在一定稳态误差。ASAC 方法的表现最好，误差稳定在零附近。因此，PPO、SAC 和 ASAC 方法在虚拟通信情况下，仍然能够实现较好的位置跟踪性能。

为进一步展示欠驱动 AUV 的姿态误差对路径控制产生的不利影响，图 5-26 展示了跟随者 AUV 的姿态误差。由于 DDPG 方法在间歇通信条件下跟随者 AUV 的姿态误差反复振荡，使得 AUV 没有按指定路径运动。PPO 算法下跟随者 AUV 在路径 1 和路径 2 上的姿态误差也出现波动，这是因为 PPO 始终输出满额的前进推力，导致跟随者 AUV 的螺旋行进。PPO 算法下跟随者 AUV 的滚转角波动也远大于 SAC 和 ASAC 方法。跟随者 AUV 在 SAC 和 ASAC 算法下具有相对稳定的姿态误差，尤其是 ASAC 方法，其姿态控制误差始终较小且稳定。

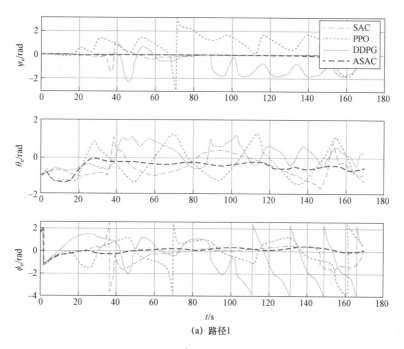

(a) 路径1

图 5-26　跟随者 AUV 的姿态误差

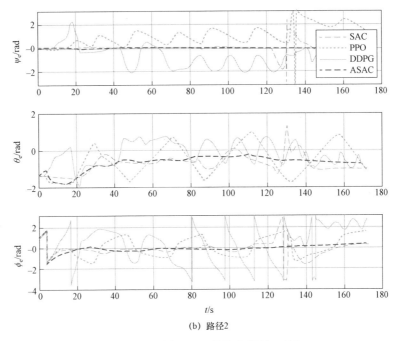

(b) 路径2

图 5-26 跟随者 AUV 的姿态误差（续）

总而言之，SAC、ASAC 和 PPO 算法都能够完成路径控制任务，但带有注意力机制的 ASAC 路径的控制效果更好。ASAC 方法中注意力机制的设计在间歇性通信的情况下有效地捕获了时序信息中的重要信息，使其更适用于通信限制条件下的路径控制。

5.3.4.3 编队控制结果

本节在两种特定轨迹下开展编队控制测试。考虑到 DDPG 下跟随者 AUV 控制效果极不理想，因此，本节采用 IPPO、SAC 和 DEC-ASAC 作为对比算法进行比较。

图 5-27 和图 5-28 展示了三种算法所组成的编队。其中，LT 为由控制方法驱动下的领导者 AUV 轨迹，VFsT 为理想的领导者 AUV 和跟随者 AUV 轨迹，FsT 为由控制方法驱动下的跟随者 AUV 轨迹，IP 为理想编队队形，P 为领导者 AUV 和跟随者 AUV 组成的编队队形。IPPO 算法的螺旋轨迹对编队

任务的影响明显，导致直角三角形队形和倒等边三角形队形与理想队形相差较大。SAC 算法的编队结果较差，跟随者 AUV 没有达到期望的位置，编队出现异常。DEC-ASAC 法在进行上述两种编队控制测试时能够实现并保持不错的编队队形。

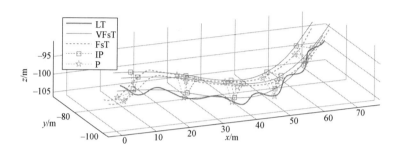

(a) DEC-ASAC控制下的AUV编队

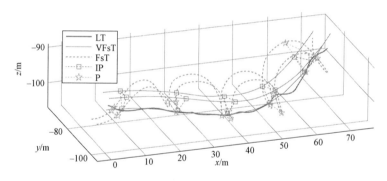

(b) IPPO控制下的AUV编队

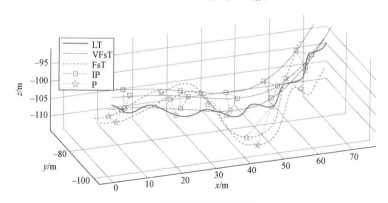

(c) SAC控制下的AUV编队

图 5-27　三种方法控制在路径 1 的编队控制

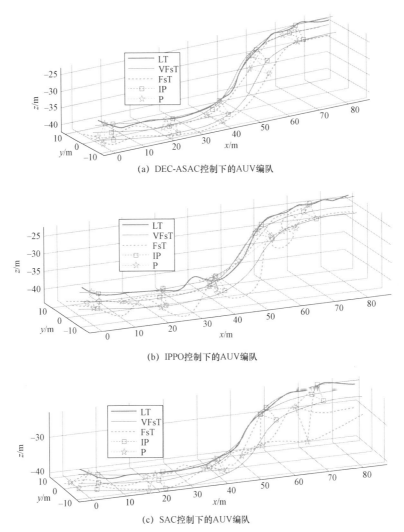

(a) DEC-ASAC控制下的AUV编队

(b) IPPO控制下的AUV编队

(c) SAC控制下的AUV编队

图 5-28　三种方法控制在路径 2 的编队控制

　　为了量化不同方法的编队性能，计算了两种路径下编队保持度，结果见表 5-11。由于 DEC-DDPG 没有学习到良好的策略，因此，其编队保持度为其他方法的 5 倍。相比之下，除了 SAC 的编队保持度在不同路径下波动较大（在路径 1 与路径 2 下相差约 7.8），其他方法的编队保持度都较为稳定。本节所提出 DEC-ASAC 的编队保持度在 8 附近，且优于其他对比算法，这是因为 DEC-ASAC 引入的注意力机制能够有效提高在通信限制约束下的编队控制的整体性能。

表 5-11 编队保持度

方法	路径 1	路径 2
DEC-DDPG	97.615 6	103.445 2
IPPO	11.145 4	13.033 0
SAC	23.612 5	15.796 8
DEC-ASAC	8.949 9	8.200 5

最后使用 100 条随机路径来验证不同算法的编队性能。在图 5-29 中，DEC-DDPG 方法的编队保持度波动最大。相比之下，IPPO 方法优于 DEC-SAC 方法，其波动更小。而本文提出的 DEC-ASAC 方法的编队保持度均值比 IPPO 更低，在多数路径上比其他方法拥有更好的编队效果，稳定性更高。

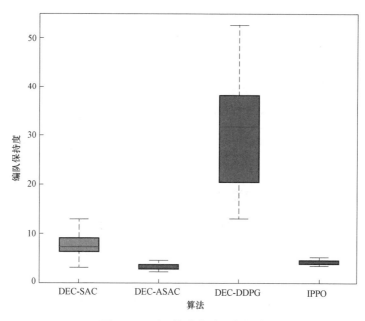

图 5-29 不同算法的编队保持度

5.4 本章小结

本章研究了间歇通信条件下的六自由度欠驱动 AUV 的编队控制问题，设计了基于自注意力机制的最大熵强化学习来实现 AUV 路径跟随和编队控制。在 AUV 的路径跟随方面，提出了一种基于 SAC 强化学习的路径跟随控制方法，使用间歇通信模型获取序列数据，引入自注意力机制来提高信息利用效率，并设计状态空间、动作空间、奖励函数和网络结构。在此基础上，提出了一种基于分布式多机强化学习的编队控制方法，将 AUV 编队控制问题表述为马尔可夫决策过程，引入分布式强化学习架构拓展至 AUV 编队控制场景，并设计了跟随者 AUV 和领导者 AUV 的状态空间，动作空间和奖励函数。上述方法在随机路径场景中对其进行训练，并在特定路径场景中进行验证。实验结果表明，本章提出的算法更适用于通信限制条件下的路径跟踪和编队控制。

参考文献

［1］ HAARNOJA T，ZHOU A，ABBEEL P，et al. Soft actor-critic：Off-policy maximum entropy deep reinforcement learning with a stochastic actor［C］// International conference on machine learning. PMLR，2018：1861-1870.

［2］ SUTTON R S，BARTO A G. Reinforcement learning：An introduction［J］. Robotica，1999，17（2）：229-235.

［3］ PETTERSEN K Y，EGELAND O. Time-varying exponential stabilization of the position and attitude of an underactuated autonomous underwater vehicle［J］. IEEE Transactions on Automatic Control，1999，44（1）：112-115.

［4］ LIU Z，CAI W，ZHANG M. Reinforcement Learning-based path tracking for underactuated UUV under intermittent communication［J］. Ocean Engineering，2023，288：116076.

第6章 面向集群无通信的编队控制方法

本章首先概述编队控制的主要通信约束，包括通信时延、通信噪声、路径损失、带宽限制、多径效应和多普勒效应，介绍通信约束下的编队控制相关研究。其次，总结无通信编队控制方法的研究现状，主要包括视觉处理的编队控制方法和相对测距的编队控制方法，前者主要通过视觉传感器采集编队成员的照片，后者利用声呐和超短基线模块测量与编队成员的距离。然后，提出一种基于水下双目视觉的编队控制方法实现无通信编队控制。最后，阐述面向集群无通信的编队控制方法的未来发展趋势，为其他学者提供研究指导。

6.1 编队控制的通信约束

在 AUV 集群编队控制任务中，跟随者 AUV 与领导者 AUV 之间需要建立通信进行信息交互，获知领导者 AUV 位置信息，从而确保 AUV 集群的协同配合，提高复杂编队队形的鲁棒性。因此，AUV 间的通信方式成为编队控制的关键技术之一。但是实际应用过程中，AUV 的水下无线通信技术存在许多通信约束[1-2]，将对 AUV 的协同编队能力产生严重影响。其中，通信约束通常包括通信时延、通信噪声、路径损失、带宽限制、多径效应、多普勒效应等。

6.1.1 主要通信约束简介

通信时延是指数据从一个端点传输到另一个端点所需的时间，通信时延包括数据包的传输时延和解析延迟[3]。传输时延与传输速度和传输距离有关，受温度、深度、纬度、盐度等环境因素影响，声波信号在水下的传播速度约为 1.5×10^3 m/s。解析时延是指信号解析的转换时间，与数据包大小和通信协议相关。

在实际应用中，AUV 发送数据的丢包可以通过重新发送降低影响，因此，一般将通信丢失问题简化为高时延的通信问题，从而将两者统一为考虑时延的通信问题。如图 6-1 所示，由于通信延时，接收机一段时间后才能收到数据包。Δt 表示为正常的时延大小，会随着距离的改变、多径效应以及障碍阻挡等因素而不同；ΔT 代表相邻两次正常通信间的时间差，当超过预定发送间隔时，可将其认作为一次过高时延的通信问题。

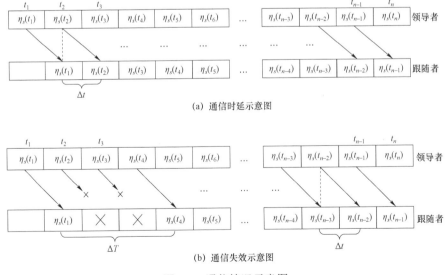

图 6-1 通信情况示意图

6.1.2　通信噪声

通信噪声是指在通信过程中，除了预期信号之外的所有干扰信号和因素。在 AUV 编队通信中，通信噪声主要包括自生噪声和环境噪声[4]。自生噪声是指 AUV 在航行过程中所产生的各种噪声，包括电磁噪声，机械噪声和激流振动噪声；环境噪声是指由外界存在的各种噪声，包括湍流噪声、航运噪声、海浪噪声和热噪声。其中，湍流噪声频率低于 10 Hz、航运噪声频率在 10～100 Hz、海浪噪声频率在 100 Hz～100 kHz、热噪声频率大于 100 kHz。这些噪声源的存在对水声通信的可靠性和通信质量构成了挑战，需要研究和应用有效的抗干扰技术提高水声通信系统的性能。

6.1.3　路径损失

路径损失是电磁波在传播过程中，随着传播距离的增加，信号强度逐渐减弱的现象[5]。路径损失是电磁波传播的一个基本特性，影响信号的覆盖范围和质量。在无线通信系统中，路径损失是一个需要重点考虑因素，直接关系到信号的衰减程度，进而影响通信的质量和可靠性。通信信号的频率越高，面临的路径损耗越多，意味着更有限的通信范围。路径损失随频率和距离变化的关系如式（6-1）。

$$PathLoss = \left(\frac{4\pi df}{c}\right)^2 \tag{6-1}$$

式中，d 表示距离，f 表示频率，c 表示光速。

6.1.4　带宽限制

带宽又叫频宽，是指在固定的的时间可传输的数据量。带宽限制是指网络连接中的数据传输速率上限，通常以每秒传输的数据量（比特或字节）来衡量。由于外界环境的不确定性和信号衰减，部分通信方法的可用带宽存在限制[6]。在理想场景下，长距离通信的可用带宽为 2～3 kHz，通信速率为

10 kbit/s；中距离通信的可用带宽为 10 kHz 附近，通信速率为 50 kbit/s；短距离通信的可用带宽大于 20 kHz，通信速率为 100 kbit/s。

6.1.5　多径效应

多径效应是指无线信号在传播过程中，遇到障碍物（建筑物、山脉等）并产生反射、折射或散射，形成多条路径，这些多条路径上的信号会有相位差异，相互叠加可能会造成信号失真，严重影响通信质量。水声通信的多径效应是声波在海中传播时，由于海水分层介质的折射和海面、海底的反射，声源与接收点之间存在一个以上声传播途径的效应。这些多径传播路径会导致信号在接收端出现码间干扰，导致信号失真，降低通信质量[7]。此外，由于浅海水声信道的随机时、空、频变特性，多径现象更为严重，这对水声通信的稳定性和可靠性构成了挑战。多径效应是水声通信中的一个关键问题，需要采取相应的技术和策略来抑制多径效应，以确保信号的稳定传输。

6.1.6　多普勒效应

多普勒效应是指由于波源和观察者之间有相对运动，使观察者感到频率发生变化的现象[8]。多普勒效应揭示了波的传播变化与观察者和波源之间的距离变化之间的关系：当波源接近观察者时，观察者接收到的频率会增大，音调变高；当波源远离观察者时，观察者接收到的频率会降低，音调变低。观察者接收到的声波频率与声源发出的频率之间的关系如式（6-2）所示。

$$f = f_0 \left(1 + \frac{v_r}{c} \right) \qquad (6\text{-}2)$$

式中，f 表示接收频率，f_0 表示发射频率，c 表示通信信号的传播速度，v_r 表示发射器和接收器的相对速度。

6.1.7　通信约束下的编队控制相关研究

为了降低上述通信约束对智能体编队控制的影响，部分学者利用通信拓扑切换、事件触发机制和预测机制确保编队控制的可靠性和提高编队队形精度。考虑通信链路存在测量噪声和频繁中断的情况，庞强伟等提出一种切换拓扑下多智能体时变编队控制方法，应用随机微分方程理论和李雅普诺夫稳定性定理推导通信拓扑（普通切换和随机切换）的充要条件，并构造李雅普诺夫函数设计编队收敛指标[9]。贾枭等通过矩阵分析方法将编队的变时延问题转化为时延上界问题，提出一种基于脉冲控制的编队控制方法来降低通信条件的要求[10]。该方法结合一致性理论和通信拓扑，设置领航-跟随者的脉冲控制协议，利用李雅普诺夫稳定理论获得编队控制的拓扑条件、时延上界及采样时间间隔。针对通信时滞下的多无人机时变编队稳定控制问题，庞强伟等学者设计一种具有通信时滞的多无人机时变编队控制方法[11]。该方法通过时域根轨迹分析获得无人机编队的稳定条件，并使用频域分析法获得维持编队稳定的最大通信时滞，进而设计通信时滞下编队控制律。针对编队系统存在时变通信时延问题，钱贝等将编队追踪控制问题转化为低阶系统的渐近稳定问题，结合一致性理论设计领导者和跟随者的编队控制器，利用求解线性矩阵不等式组来判别系统稳定性。

部分学者设置事件触发机制来应对集群内通信约束。安述祥等学者设计了一种基于事件触发机制的无人机编队控制方法，降低通信噪声和随机时延的影响[13]。该方法采用伯努利分布描述通信时延，利用李雅普诺夫函数和线性矩阵不等式获得编队稳定条件，采用同步耦合算法设计基于事件触发的无人机编队控制器节省通信资源。Deng 等设计一种动态周期事件触发机制来解决编队中非均匀通信延迟，利用前一个采样时刻的事件触发信号建立分布式观测器，进而消除由不均匀通信延迟引起的异步行为[14]。考虑到广播信息存在数据丢包和通信延迟问题，Jiang 等将集群编队问题转化为由延迟和非延迟组成非线性系统的渐近稳定问题，提出一种适用于多智能体编队的非周期数据采样方法获取编队成员的信息[15]。

部分学者引入预测机制来应对水下通信约束。考虑到水下通信延迟和数据丢包等因素，王朝阳等提出一种自适应量测－通信联合框架，引入自适应卡尔曼滤波对通信链路的外部扰动进行补偿，设计辅助控制律并将其引入分布式鲁棒模型预测控制器，实现 AUV 编队控制[16]。郑长兵等学者将编队跟踪控制问题转化为闭环时滞系统的稳定性问题，设计了一种基于邻居智能体滞后信息的时变编队控制协议，通过迭代预测得到智能体当前时刻的位置和速度预测值，利用李雅普诺夫函数得到实现时变编队零稳态跟踪误差的充分条件[17]。王小宁等学者设计了一种适用于弱通信条件下的编队队形协同控制方法实现通信延时和失败情况下的 AUV 编队，结合航位推算机制和最小二乘法来预测相邻 AUV 的信息[18]。Jiang 等设计了一种分布式预测观测器来估计编队系统的误差，利用广义 Nyquist 准则编队成功收敛的条件，并结合广义奈奎斯特准则获得观测器的增益矩阵[19]。Ni 等学者利用延迟信息预测相邻节点当前的状态来解决编队控制的通信时延问题，开发了固定时间的分布式观测器来估计领导者的状态，并利用滑模控制器来稳定编队误差[20]。Zhang 等提出了一种基于比例积分预测的编队控制方法实现编队过程中通信延迟补偿，利用丢番图方程建立增量节点运动预测模型，通过多步输出预测完成协同成本函数优化和通信延迟补偿[21]。Kartal 等提出一种分布式编队控制方法来克服无人机编队通信时延的影响，根据邻居的状态信息更新自身状态信息，并设计线性姿态控制器和非线性位置控制器解决无人机的运动控制问题[22]。

6.2 无通信编队控制方法

虽然前面章节提到利用传统控制和强化学习方法可获得通信设备支持下编队控制策略，但水下环境的复杂性（水体介质、海洋湍流和地形限制）导致 AUV 编队面临多种通信约束，干扰 AUV 编队的通信拓扑结构，严重影响 AUV 编队精度。为了解决上述问题，部分学者侧重于研究无通信编队控制方

法。无通信编队示意图如图 6-2 所示，跟随者 AUV 通过自身携带的感知设备
（如视觉传感器、声呐和换能器）采集领导者 AUV 的运动图像或与领导者
AUV 距离信息，进而获得领导者 AUV 的位姿与速度等信息，最后利用编队
控制律实现集群编队。

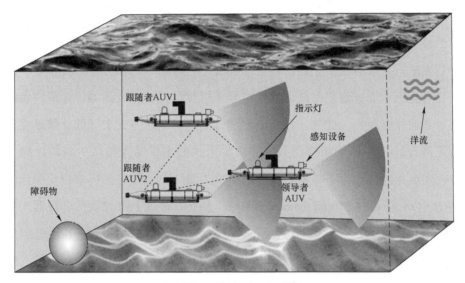

图 6-2　无通信编队示意图

　　无通信编队控制方法主要包括基于视觉处理的编队控制方法和基于相对
测距的编队控制方法。

6.2.1　基于视觉处理的编队控制方法

　　相较于现有的通信方式，视觉传感器通过稳定传输大量信息实现移动机
器人的高效率感知。在 1995 年，Stella 等首次利用视觉传感器实现编队控制，
提出无通信编队控制方法。该方法利用视觉传感器检测编队成员的当前状态
与理想状态，计算相应的状态误差来实现编队控制。Hutchinson 等对基于视
觉处理的编队控制方法进行定义，将其简要分为基于位置信息的视觉编队控
制方法、基于图像误差的视觉编队控制方法和基于混合处理的视觉编队控制
方法[23]。

（1）基于位置信息的视觉编队控制方法

如图 6-3 所示，基于位置信息的视觉编队控制方法是指编队成员利用视觉传感器和图像处理获得邻居成员的相对信息，结合运动模型和空间模型计算编队成员的位置和姿态，设计编队控制率来引导自身状态达到理想位姿。2009 年，Carvalho 等首次提出基于位置信息的视觉编队控制方法[24]，将其应用于移动机器人协同编队任务。沈尧高等提出一种基于视觉信息的编队反馈控制方法，有效解决了无通信场景下编队控制问题[25]。该方法寻找领导者的特征点坐标，通过建立编队运动模型和相机模型，设计观测器计算跟随者到领导者的相对距离。此外，该观测器通过简化特征点方式来降低计算难度。刘彤等设计一种基于结构持久图和视觉定位的多机器人编队生成与控制方法，实现无通信约束下多机器人的最小持久编队[26]。该方法提取视觉图像的 ORB（Oriented FAST and Rotated BRIEF）特征，通过 PnP 算法估计机器人的位姿信息，利用光束平差法对位姿信息进行优化，建立用于回环检测的词袋库模型降低漂移误差。此外，该方法设计约束条件获得三维空间最小持久编队队形，采用势场力函数设计编队控制器。

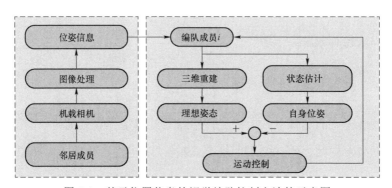

图 6-3　基于位置信息的视觉编队控制方法的示意图

部分学者侧重于利用发光设备协助基于位置信息的视觉编队控制方法研究。杨翊等设计水下激光发射设备，提出一种基于视觉定位的编队控制方法，实现近距离高精度编队控制[27]。其中，领导者通过水下激光设备发射光图案，跟随者利用前视广角摄像机捕捉领导者的光线图案，并运用 N 点透视（Perspective-n-Point，PnP）算法计算领导者的位姿数据。此外，该方法采用领航者算法设计跟随者的运动控制器调整其前进速率与航向角。考虑到机器人的快速运动对视觉图像的影响，Walter 等设计了一种以正六边形排列的机载紫外线设备，提出了基于紫外线光谱的编队方法，降低编队过程的距离误差和航向误差[28]。其中，根据紫外线光谱，该设备通过像素坐标变换和启发式方法确定领导者的相对位置和偏航角度，利用多种轨迹移动跟踪器引导跟随者抵达理想位置。Soriano 等设计由 LED 灯组成的发光设备和水下摄像头，利用扩展卡尔曼滤波融合视觉图像与惯性导航数据来获得编队成员的位置信息[29]。

部分学者侧重于讨论基于位置信息的视觉编队控制方法的约束条件。针对无人车的无通信编队控制问题，He 等设计一种基于自适应神经网络跟踪控制方法，假设跟随者分析视觉图像来获取与领导者的相对距离和角度，即存在视场约束，设计自适应神经网络跟踪控制器应对领导者动力学模型的不确定性，提高编队控制的鲁棒性[30]。其中，自适应神经网络作为编队控制器通过高斯径向基函数避免集群的碰撞约束和视场约束。Liu 等将编队控制的视觉传感器作为视场约束，提出了一种基于偶极矢量场的编队跟随方法实现编队控制[31]。将跟随者的视场约束转换为一组输入约束，设计辅助设计系统来分析约束的影响，利用辅助设计系统的状态来调整编队控制器，确保在能见度维持下保持编队。考虑到视觉传感器的像差偏差易导致位置估计误差，杨博等提出了一种视觉编队导航方法来确保编队精度，通过 Fisher 矩阵分析视觉传感器的可观测性，建立观测误差模型寻找最优视差角，有助于提升定位精度和观测范围，为后续的编队控制奠定基础[32]。

部分学者侧重于研究基于位置信息的视觉编队控制方法的实际应用。石立伟等学者搭建水下球形机器人的双目视觉系统，设计防碰撞编队策略[33-34]。

该策略通过点匹配算法获得机器人的三维位置，调整跟随者的偏航角误差和距离误差实现编队控制。Li 等提出了一种基于视觉传感器和基因调控网络的编队控制方法，主要包括位置确定与动作选择，利用 YOLOv5s 算法和相机视场信息获得邻居无人机、目标和障碍物的位置信息[35]。然后，无人机利用基因调控网络生成邻居无人机、目标和障碍物的浓度场，通过浓度场变化选择自身的移动方向。Cheon 等设计了一种基于单目视觉传感器的编队控制方法实现无人机的编队航行[36]。该方法利用 Kanade-Lucas-Tomasi 特征跟踪方法提取视觉图像的特征点，采用基于投影的三维姿态估计算法获取领导者的位姿信息，并设计控制律来调整跟随者的距离误差和姿态误差。

虽然基于位置信息的视觉编队控制方法已经取得一定的研究成果，但仍存在建模精度要求高和噪声敏感等不足之处。

（2）基于图像误差的视觉编队控制方法

如图 6-4 所示，基于图像误差的视觉编队控制方法是指编队成员将当前图像与参考图像进行比对，计算与编队成员移动相关的特征信息（点特征和线特征等），利用图像误差调整自身位姿。Malis 等提出了一种基于线特征的协同控制方法实现机器人集群编队控制[37]。该方法通过 Cholesky 分解视觉图像的正对称矩阵获得相应的线特征信息，设置机器人六自由度的控制器。酒锐波等通过 KLT（Kanade-Lucas-Tomasi）算法提取视觉图像的特征点，设计了一种基于数字信号处理（Digital Signal Processing，DSP）的无人机编队控制方法，确保无人机编队的可靠性[38]。其中，DSP 处理器将特征点作为跟踪点，根据跟踪误差调整自身位姿。Mondragon 等设计了基于颜色信息的自适应编队控制方法，利用连续自适应平均偏移获得领导者的颜色特征信息，结合颜色特征误差设计跟随者的速度控制器，实现在三维环境下跟踪持续运动的领导者[39]。

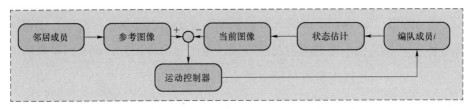

图 6-4　基于图像误差的视觉编队控制方法的示意图

部分学者侧重于考虑基于图像误差的视觉编队控制方法的约束条件。Liu等提出了一种分布式自适应的无通信编队控制方法解决外部干扰和运动模型的不确定性[40]，主要设备包括轨迹跟踪控制器、姿态控制器和视觉传感器控制器。其中，轨迹跟踪控制器设置鲁棒部分应对编队控制的不确定性；姿态控制器通过姿态误差和角速度误差调整自身姿态；视觉传感器控制器采用级联控制方法降低图像特征误差和调整自身姿态。Bastourous 等提出了一种基于视觉图像的编队控制方法，通过控制平移自由度来选择视觉图像的矩特征，利用扩展卡尔曼滤波预测领导者的运动速度，结合跟踪误差与自适应增益设置编队控制器来确保编队精度[41]。Wang 等针对视觉传感器参数未知下编队控制问题，设计了一种基于自适应视觉的主从式编队控制方法[42]。该方法通过自适应控制理论建立自适应观测器，估计视觉传感器的内参数和外参数等；根据图像位置误差和图像速度误差设计跟随者控制器，调整跟随者的线速度与角速度，使领导者的特征点保持在理想位置。考虑到单目视觉传感器的视角有限，即可见性约束，Lin 等设计了一种基于视觉图像自适应的编队控制方法，建立领导者与跟随者框架下视觉运动学模型，通过性能控制技术来实现对图像坐标误差的稳态响应，并设计自适应控制律获得视觉传感器的光学中心与特征点的相对高度，保证集群编队队形的稳定性[43]。

部分学者侧重于研究基于图像误差的视觉编队控制方法的实际应用。闵欢等学者提出了一种无人机视觉跟随控制算法，将 YoLo 目标检测识别网络移植至嵌入式系统，实现对目标无人机的跟随[44]。该算法计算 YoLo 检测边界框与期望边界框之间的坐标误差与尺寸误差，将坐标误差和尺寸误差分别作为偏航角控制和速度控制的反馈输入。Hu 等针对航天器的编队控制问题，设计了一种基于图像误差的航天器编队控制方法，主要包括跟踪项、协调项和鲁棒项[45]。其中，跟踪项将图像特征误差作为状态误差，调整跟随者的位姿状态；协调项通过图像流形模型减少跟随者的相对距离误差，保证编队队形；鲁棒项利用自适应滑模控制策略解决运动模型的不确定性。Li 等提出了一种基于模型预测的编队控制方法，避免编队精度因校准而降低的情况[46-47]。该方法建立基于视觉信息的编队运动学模型，将编队控制问题转化为特定约束的二次规划问题，通过视觉图像的特征点信息估计领导者的运动速度与跟随者的理想轨迹，运用神经动力学优化方法与辅助状态反馈控制调整跟随者员的位姿状态。

虽然许多学者对基于图像误差的视觉编队控制方法设置改进措施，但仍存在需要先验知识、局部收敛和空间轨迹设计不合理等不足。

（3）基于混合处理的视觉编队控制方法

为避免基于图像误差的视觉编队控制方法和基于位置信息的视觉编队控制方法的不足，提出研究混合处理的视觉编队控制方法。该方法的核心思想在于综合视觉图像的二维信息和三维信息建立编队控制律。如图 6-5 所示，通过视觉图像建立图像坐标系，采用图像信息的单应变矩阵获得智能体的位姿等信息，设计用于位姿调整的内环控制器和用于矩阵特征值的外环控制器，实现图像坐标系信息影响智能体的外环控制。Malis 等设计了一种基于混合处理的视觉编队控制方法，通过单应性矩阵估计视觉传感器位移信息和方向信息，结合视觉图像特征设置解耦控制律，确保领导者位于视觉传感器视野内[48]。Huang 等将相机在机器人的装配方式分为独立型和耦合型，简要分析基于混合处理的编队控制的研究现状，评估了算法在不同约束下性能[49]。其中，独立型是指相机不固定在机器人上；耦合型是指相机搭载在机器人。曹雨等学者将编队问题转化为跟随者对虚拟跟随者的轨迹跟踪问题，提出一种基于单应性的编队控制方法[50]。根据视觉图像信息，直接构造单应性元素，获取跟随者与虚拟跟随者的相对位姿信息，在降低计算复杂度的同时提高编队的鲁棒性。然后,利用单应性元素和跟随者的速度准确估计领导者的速度,通过指数衰减控制律降低跟随者的位置误差与姿态误差。Hu 等设计了基于单应性的高鲁棒性控制器,引导视觉图像的特征点匹配合适位置,调整机器人的位置和姿态[51]。该控制器利用单应性矩阵获得图像的二维信息和三维信息,进而设置稳定平移误差的平移控制器和稳定旋转误差的旋转控制器。

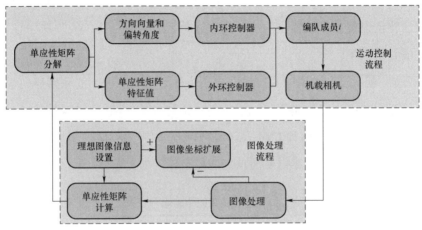

图 6-5　基于混合处理的视觉编队控制方法的示意图

　　部分学者侧重于考虑基于混合处理的视觉编队控制方法的约束条件。Fallah 等设置图像视野约束,图像深度约束和运动控制约束,提出了一种基于深度信息的编队控制方法,提高编队对传感器遮挡和运动模型误差的鲁棒性[52]。其中,该方法通过内部模型控制框架的估计器获得视觉图像特征的二维坐标与相对深度信息。考虑图像深度信息缺乏与视觉传感器参数未知等情况,Chen 等首次设计了一种自适应编队运动控制器,引导集群实现编队控制[53]。该方法通过像素单应性矩阵获得旋转自由度和平移自由度,结合李亚普诺夫设计自适应控制器处理跟随者的平移误差和旋转误差。Fang 等考虑视觉传感器的内在和外在校准参数不确定性的情况,开发了一种时变控制器实现机器人的稳定控制[54]。该方法结合视觉图像的单应性矩阵,解耦智能体的旋转和平移分量,利用非线性李雅普诺夫设计控制器,调整机器人的平移误差和旋转误差。由于基于单应性的控制方法存在奇异性限制，Hu 等学者提出了一种基于单位四元数的编队控制方法，通过自适应控制器调整跟随者的位置和姿态[55]。该方法建立基于四元数的误差系统避免旋转表示的奇异性，设置自适应前馈项补偿视觉传感器到领导者的未知距离，设计基于四元数的李雅普诺夫的函数进行控制器的稳定分析。考虑机器人的平面运动约束和视觉传感器的视场约束，Zhang 等设计了一种基于运动估计的视觉编队控制方法，避免分解单应矩阵所带来的退化问题[56,57]。该方法将系统误差定义为视觉图像的特征点信息和机器人的旋转角度误差，设计时变反馈控制器引导机器人完成编队任务。

目前，基于混合处理的视觉编队控制方法进行编队控制的应用研究很少，本章仅介绍了部分应用实例。上述三种基于视觉处理的编队控制方法的优缺点见表 6-1。相较于另两种方法，基于混合处理的视觉编队控制方法的研究具有一定的优势，但是仍然需要通过离线校准作为前提条件。

表 6-1　基于视觉处理的编队控制方法对比

视觉编队控制方法	优势	缺点
基于位置信息的视觉编队控制方法	符合运动空间的最优轨迹	1. 取决于视觉传感器精度 2. 计算速度相对较慢 3. 对噪声过于敏感
基于图像误差的视觉编队控制方法	1. 算法原理简单 2. 对误差具有鲁棒性 3. 应用范围广	1. 只能保证局部收敛 2. 需要先验信息 3. 存在奇异值
基于混合处理的视觉编队控制方法	1. 不存在奇异值 2. 对误差具有鲁棒性 3. 应用范围广	依赖离线校准

6.2.2　基于相对测距的编队控制方法

部分学者研究围绕基于相对测距的编队控制方法。如图 6-6 所示，AUV之间通过各种测距方法实现两两之间的相对距离估算，从而构建一种面向多AUV 集群的相对网络拓扑结构，并与预期的网络拓扑架构进行比对，最终实现编队队列的调整[58]。

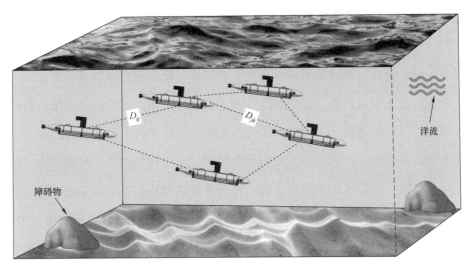

图 6-6 相对网络拓扑结构

相对测距编队控制的研究现状主要包括基于滤波处理的测距编队控制方法和基于分布式协同的测距编队控制方法。

（1）基于滤波处理的测距编队控制方法

基于滤波处理的测距编队控制方法主要包括估计器和运动控制器，如图 6-7 所示。其中，估计器采用电磁波测距模块、激光测距模块和超声波测距模块获取多个测量结果，利用以卡尔曼滤波为代表滤波器对测量结果进行融合和补充；运动控制器根据滤波处理后的距离信息和编队控制律输出相应的动作。张艾等建立了航天器观测模型，设计了一种基于改进扩展卡尔曼滤波的编队测距方法，避免扩展卡尔曼滤波的局部不稳定性[59]。该方法将一致性理论与扩展卡尔曼滤波相结合，通过分布式滤波思路对测距结果进行修正，可明显提高编队成员定位精度。郭鹏军等学者通过无人机的传感器（惯性导航、多普勒测速器和激光测角仪）获取编队成员的位姿信息，提出了一种基于相对速度和位置辅助的无人机编队控制方法，建立协同编队的系统模型，将相对测距与绝对位置信息转化到同一坐标系，利用卡尔曼滤波器修正传感器误差，提高无人机编队精度[60]。Liu 等将无人车编队控制问题转化为误差动态系统的稳定性问题，提出了一种基于无迹卡尔曼滤波器的编队控制方法[61]。该方法通过 UWB 传感器获得跟随者与领导者的距离等关键信息，利用无迹卡尔曼滤波器对编队成员进行状态估计，使用速度控制器和角速度控制器调整编队成员位姿。鲁佳慧等设计了一种基于超声波的测距系统获得编队成员之间的距离信息，利用人工势场法设计领导者与跟随者的控制器，实现水下队形变换[62]。该系统主要由主控模块、电压转换模块、发射模块、温度采集电路、比较模块等模块组成，利用带通滤波补充因温度变化对测距结果的影响。Dehghani 等假设无人机通过引导头获知其与编队成员的测距结果，提出了一种无人机编队控制方法[63]。该方法利用非线性估计器提高测距结果的可靠性，采用反馈线性方法来规划无人机的运动状态。倪淑燕等使用解析方法分析了测距场景下编队系统的可观测性，提出了一种基于简化无迹卡尔曼滤波算法来优化定位结果[64]。根据线性状态方程和非线性测量方程的特点，使用标准卡尔曼滤波中的时间更新代替无迹卡尔曼的无迹变换，可以在保证滤波估计精度的前提下有效降低计算复杂度。杨少帅等利用伪距差分相对定位、相对测距和测角信，采用联邦滤波器算法估计编队成员的相对位置、相对速度和姿态状态，为后续的编队控制奠定基础[65]。苏建敏等建立相对运动状态估计的系统模型，设计相应的可观测矩阵，采用无迹卡尔曼滤波对目标相对运动状态进行估计[66]。

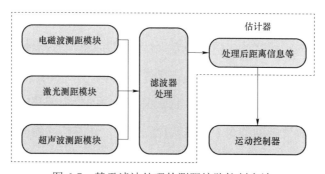

图 6-7　基于滤波处理的测距编队控制方法

（2）基于分布式架构的测距编队控制方法

基于分布式架构的测距编队控制方法引入分布式架构，要求每个 AUV 分别执行自身的测距协议，即自行调整感知设备的参数来获得其与前者的距离，利用相应的编队控制律调整自身运动，最终实现协同编队。Queralta 等设计了一种基于分布式感知的编队控制方法实现自主编队方式[67]。该方法要求每个编队成员通过传感器协同感知到相邻成员的距离和方位，结合编队误差与碰撞风险确定自身的编队位置，利用基本三角法设置符合动力学的控制律。Kaminka 等提出了一种基于协同感知的编队感知方法来最小化编队成员的感知成本，通过多重图和 Dijkstra 算法确定编队成员的最优感知策略来获得感知结果，为后续编队控制奠定基础[68]。Yu 等设计了一种基于局部映射的编队控制方法[69]。该方法要求编队成员将传感器位移映射为编队的位移，通过局部映射和控制器引导其前往理想位置，进而形成编队控制。Kwon 等提出了一种基于分布式架构的编队感知方法，扩大集群编队的感知范围，并将其成功应用于无人机集群编队场景，避免因频繁通信带来的风险[70]。该方法根据感知范围内和范围外编队成员的运动状态相关性，通过贝叶斯估计获得感知范围外编队成员的运动状态。Caruntu 等设计了一种分散预测的编队控制方法来将降低编队的间距放大[71]。该方法设计状态空间模型预测器与级联控制器，提高分布式架构下机器人的测距性能。Tran 等设置一种包含跟随者辅助变量的自适应控制项，引导编队系统达到理想状态[72]。

6.3　基于水下双目视觉的 AUV 编队控制方法

水下光学相机能够提供高分辨率的图像，捕捉细节和颜色信息，为后端处理算法提供丰富的视觉信息。因此，如果 AUV 编队成员均装配水下光学相机，那么就可以利用近距离视觉定位技术实现 AUV 之间的高效、高精度感知。我们提出一种基于水下双目视觉的 AUV 编队控制方法来实现无通信编队控制，如图 6-8 所示。此方法的核心是跟随者通过水下双目视觉获得领导者的位置信息，利用编队控制律调整自身姿态来实现无通信编队控制，主要包括图像预处理、目标区域提取、图像特征点匹配、双目视觉定位处理及编队控制律设计。

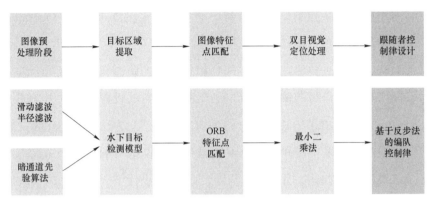

图 6-8　基于水下双目视觉的 AUV 编队控制方法框图

6.3.1　图像预处理阶段

相较于陆地成像，水下成像受水中颗粒物影响其过程更加复杂。人颗粒物可能导致相机所拍摄的图像出现遮挡的情况；小颗粒物对光线的散射作用，导致相机所拍摄到的图像对比度低且画质模糊，如图 6-9 所示。相机所接收到的总光强 $E_T(x)$：

$$E_T(x) = E_D(x) + E_F(x) + E_B(x) \tag{6-3}$$

式中，x 表示像素点，$E_D(x)$ 表示直接衰减的光强，$E_F(x)$ 表示前向散射的光强和 $E_B(x)$ 为后向散射的光强。

水中大颗粒物对图像的影响体现在粒度极小（在 10 个像素的范围内）与背景像素灰度值对比度极高[73]，因此，可以引入滑动滤波和半径滤波等经典滤波方式替换部分异常区域的像素值。考虑到基于暗通道先验的图像复原算法可有效提高雾天图像质量，可采用暗通道先验算法对水下图像进行图像增强处理，降低小颗粒物所带来的影响。此外，该阶段结合相机畸变模型和相机标定过程对水下图像进行修正处理。

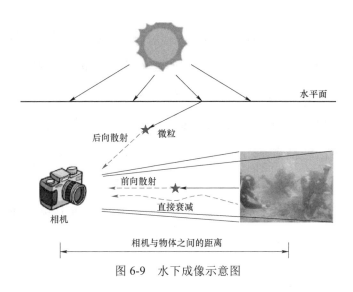

图 6-9　水下成像示意图

6.3.2　目标区域提取

为提高后续双目视觉定位的精度和方法执行效率，本阶段确定编队成员在水下图像的位置信息，减少不相关区域的干扰。如图 6-10 所示，本阶段对 R-CNN 框架进行重新设计，建立适用于水下图像的水下目标检测模型，主干网络为 ResNet-50。其中，候选框生成网络是指在特征地图上可选择的候选框；边界框选择是指根据置信度评价选择最适合的边界框。此外，该阶段的数据集为自行采集的目标数据。

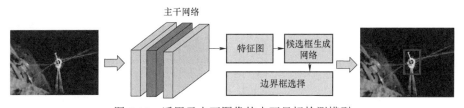

图 6-10　适用于水下图像的水下目标检测模型

6.3.3　图像特征点匹配

相较于语义图像特征融合（Semantic Image Feature Integration，SIFI）和加速稳健特征（Speeded-Up Robust Features，SURF），ORB（Oriented FAST and Rotated BRIEF，ORB）特征点具有较快的提取速度。本阶段提取水下图像的 ORB 特征点，主要包括加速分割测试的面向特征（oriented Features from Accelerated Segment Test，oFAST）特征点和二进制鲁棒独立基本特征（Binary Robust Independent Elementary Features，BRIEF）描述子。oFAST 特征点是指通过比较亮度大小寻找特征点，结合像素亮度信息自适应调整特征阈值参数。此外，结合旋转金字塔、灰度质心法，oFAST 特征点具有尺度信息和旋转的信息。BRIEF 描述子是指在特征点周围随机选取 N 对特征点对的比较结果，采用快速近似最近邻算法完成特征点匹配。

6.3.4　双目视觉定位处理

本阶段建立双目视觉定位的水下目标定位模型[74]，如图 6-11 所示。其中，p_l 和 p_r 为左右双目相机中成功匹配的像素点，P 为特征点的三维位置。根据由相机的内参矩阵和外参矩阵组成投影矩阵，可得左右双目相机的像素点与特征点三维位置的对应关系，即：

$$Z_{cl}\begin{bmatrix} u_l \\ v_l \\ 1 \end{bmatrix} = \boldsymbol{M}_l \begin{bmatrix} X_w \\ Y_w \\ Z_w \\ 1 \end{bmatrix} \tag{6-4}$$

$$Z_{cr}\begin{bmatrix} u_r \\ v_r \\ 1 \end{bmatrix} = \boldsymbol{M}_r \begin{bmatrix} X_w \\ Y_w \\ Z_w \\ 1 \end{bmatrix} \tag{6-5}$$

式中，Z_{cl} 表示像素点 p_l 对应的景深，u_l 和 v_l 表示像素点 p_l 的坐标，X_w，Y_w 和 Z_w 表示特征点 P 的三维位置，$\boldsymbol{M}_l$ 表示左目的投影矩阵，Z_{cr} 表示像素点 p_r 对应的景深，u_r 和 v_r 表示像素点 p_l 的坐标，$\boldsymbol{M}_r$ 表示右目的投影矩阵。投影矩阵可利用相机标定方式获得或通过 PnP 方法进行求解[75]。

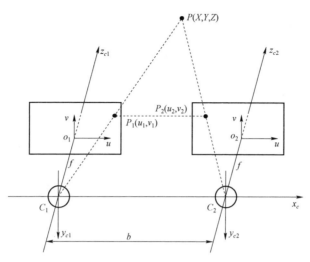

图 6-11　双目视觉定位的水下目标定位模型

为求解特征点 P 的三维位置，本阶段可将式（6-4）和式（6-5）进行联立，并进行消元处理，即：

$$A \begin{bmatrix} X_w \\ Y_w \\ Z_w \end{bmatrix} = B \qquad (6\text{-}6)$$

式中，A 表示大小为 4×3 的矩阵，B 表示大小为 3×1 的矩阵。由于 A 和 B 已知，采用最小二乘法计算特征点 P 的三维位置，最终将所有特征点位置的均值作为领导者的位置信息。

6.3.5　编队控制律设计

借助前几个阶段，跟随者可获知领导者的三维位置信息。本阶段设计适用于领导者与跟随者的编队控制算法，计算领导者与跟随者的编队误差，利用反步法设计跟随者的编队控制律。具体内容与第 3 章类似。

6.4　未来发展方向

在前几节中，回顾了无通信编队控制的关键技术方法。然而，由于机器人集群面临复杂的环境和干扰，仍然存在一些不足，有待进一步深入研究。本章简要讨论无通信编队控制方法的未来发展方向。

6.4.1 异构协同编队控制

现有研究主要集中在单一场景下的编队控制任务。随着技术的发展，无通信编队控制任务应当考虑跨介质协同场景，对编队控制产生了巨大的挑战[76,77]。因此，未来的研究方向集中于提高集群编队控制的适应性，即无通信异构协同编队控制方法，整合不同类型机器人的作用，如图 6-12 所示。无人机用于搜寻空中目标，无人船则能够快速搜寻海面目标，AUV 和无人车分别搜寻海底目标和地面目标。此外，无通信下异构协同编队应当侧重于如何在跨介质约束下利用感知设备准确获取编队成员的位姿与速度等信息，并设置相应的编队控制方法来确保编队效率。总之，该方向的编队控制方法可以减小对特定环境的依赖，适应复杂的编队控制任务要求。

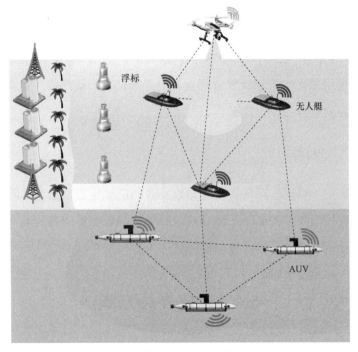

图 6-12　异构协同编队控制的示意图

6.4.2　多任务集群编队控制

虽然集群可执行多种类型的协同任务,但现有的无通信编队控制方法很少涉及其他协同任务。因此,在后续研究中,无通信编队控制方法应当增加其对其他协同任务的兼容性。以协同搜救任务为例,该任务要求 AUV 编队利用感知设备搜寻被困者[78-79],因此,无通信编队控制方法需要结合感知设备来确保编队队形。如何设置航行器的感知设置是决定无通信编队控制效率的重要一环。由于多智能体深度强化学习能结合神经网络网络的拟合性和强化学习的奖励机制,确保每个智能体网络模型的泛化性和自主学习,因此,未来研究可以考虑利用深度强化学习智能化输出编队成员的动作选择(感知设备的探测设置和航行器的推力设置),实现无通信的多任务集群编队控制,提高无通信编队控制的应用范围,如图 6-13 所示。

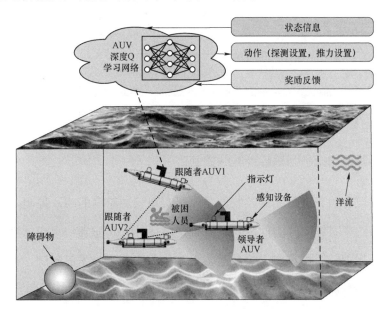

图 6-13　基于深度强化学习的多任务集群编队控制

6.4.3　时间约束下高效协同编队控制

现有的无通信编队控制方法能够在无限时间内实现编队控制,但部分协同任务存在明显的时间约束。如图 6-14 所示，在协同围捕任务中，AUV 编队若未能在规定时间内形成包围圈，则移动目标可成功逃逸，进而导致任务失败。因此，无通信编队控制方法需考虑编队控制律的时效性，即应当分析编队控制的时间复杂度，满足其在短时间内进行动作选择的需求。此外，航行器通常存在算力限制与能源限制，无通信编队控制方法应当降低编队控制的计算难度。综上所述，后续研究可着重实现时间约束下高效协同编队控制，提高航行器的编队协同效率。

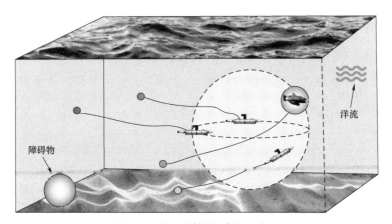

图 6-14　协同围捕失败的示意图

6.4.4　传感器约束下强鲁棒性编队控制

虽然现有的无通信编队控制方法能够实现较高精度的编队控制，但未考虑传感器约束对编队控制的影响。如图 6-15 所示，传感器约束包括性能限制和外界干扰[80]。性能限制是指传感器受到生产工艺和技术的限制，存在探测角度限制和探测距离限制等问题；外界干扰是指传感器受到外界因素（压力，风浪和雾气）影响，导致设备异常甚至出现数据丢失的情况。因此，未来研究应集中传感器约束下强鲁棒性编队控制，提高无通信编队控制策略的鲁棒性。

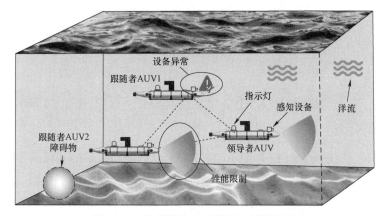

图 6-15 传感器约束对编队控制的影响

6.5 本章小结

针对面向集群无通信的编队控制问题，本章简要讨论编队控制的通信约束和无通信编队控制方法，提出基于水下双目视觉的编队控制方法，并指明无通信编队控制领域未来发展方向，为读者提供参考。首先，在通信约束方面，概述集群编队的六种通信约束，介绍在通信约束下编队控制现有的相关。其次，在无通信编队控制方法方面，根据集群所采用的感知方式，讨论基于视觉处理的编队控制方法和基于相对测距的编队控制方法的基本原理及其研究现状。其中，基于视觉处理的编队控制方法包括基于位置信息的视觉编队控制方法、基于图像误差的视觉编队控制方法和基于混合处理的视觉编队控制方法；基于相对测距的编队控制方法包括基于滤波处理的测距编队控制方法和基于分布式架构的测距编队控制方法。然后，介绍本章所提出的基于水下双目视觉的编队控制方法。最后，简要分析无通信编队控制的四个未来研究方向，包括异构协同编队控制、多任务集群编队控制、时间约束下高效协同编队控制和传感器约束下强鲁棒性编队控制。

参考文献

［1］ 袁锐锟. 通信约束下多 AUV 编队控制研究［D］. 哈尔滨：哈尔滨工程大学，2020.

［2］ YANG Y，XIAO Y，LI T. A survey of autonomous underwater vehicle formation：Performance，formation control，and communication capability［J］. IEEE Communications Surveys & Tutorials，2021，23（2）：815-841.

［3］ YAN T，XU Z，YANG S X，et al. Formation control of multiple autonomous underwater vehicles：a review［J］. Intelligence and Robotics，2023，3（1）：1-22.

［4］ 俞建成，陈阔，张进. 不同通信定位方式下 AUV 编队智能控制方法综述［J］. 水下无人系统学报，2023，31（1）：30-37.

［5］ RODOSHI R T，SONG Y，CHOI W. Reinforcement learning-based routing protocol for underwater wireless sensor networks：a comparative survey［J］. IEEE Access，2021，9：154578-154599.

［6］ 高振宇，郭戈. 多自主水面航行器协同编队控制研究现状与进展［J］. 信息与控制，2018，47（5）：513-525.

［7］ 王佳奇. 通信受限下的 AUV 编队协调控制研究［D］. 哈尔滨：哈尔滨工程大学，2022.

［8］ CONNOR J，CHAMPION B，JOORDENS M A. Current algorithms，communication methods and designs for underwater swarm robotics：A review［J］. IEEE Sensors Journal，2020，21（1）：153-169.

［9］ 庞强伟，朱拥勇，陈晔，等. 切换拓扑下多智能体时变编队控制方法［J］. 中国惯性技术学报，2024，32（5）：511-520.

［10］ 贾枭，席建祥，刘光斌，等. 基于脉冲控制的时延异构多智能体编队控制［J］. 电子学报，2018，46（12）：2957-2963.

[11] 庞强伟，石章松，朱拥勇，等. 具有通信时滞的多无人机时变编队控制方法 [J]. 中国惯性技术学报，2023，31（3）：309-318.

[12] 钱贝，周绍磊，肖支才，等. 时变通信时延下的多无人机系统编队追踪控制 [J]. 兵器装备工程学报，2023，44（6）：223-231.

[13] 安述祥，宋公飞，尹资荣，等. 基于事件触发机制的随机时延无人机编队控制 [J/OL]. 电光与控制，1-8 [2024-07-15].

[14] DENG C，CHE W W，WU Z G. A dynamic periodic event-triggered approach to consensus of heterogeneous linear multiagent systems with time-varying communication delays [J]. IEEE transactions on cybernetics，2020，51（4）：1812-1821.

[15] JIANG X，XIA G，FENG Z，et al. Consensus tracking of data-sampled nonlinear multi-agent systems with packet loss and communication delay [J]. IEEE Transactions on Network Science and Engineering，2020，8（1）：126-137.

[16] 王朝阳，刁维卿，徐博，等. 自适应量测－通信联合框架下基于 RMPC 的 AUV 编队控制 [J/OL]. 控制与决策，1-7 [2024-07-15].

[17] 郑长兵，庞中华，董燕飞，等. 复杂通信约束下网络化多智能体系统的时变编队控制 [J/OL]. 控制与决策，1-7 [2024-07-15].

[18] 王小宁，段肖瑞，张国龙. 弱通信条件下多 UUV 编队队形协同控制方法研究 [J]. 舰船电子工程，2023，43（6）：179-183.

[19] JIANG W，CHEN Y，CHARALAMBOUS T. Consensus of general linear multi-agent systems with heterogeneous input and communication delays [J]. IEEE Control Systems Letters，2020，5（3）：851-856.

[20] NI J，ZHAO Y，CAO J，et al. Fixed-time practical consensus tracking of multi-agent systems with communication delay [J]. IEEE Transactions on Network Science and Engineering，2022，9（3）：1319-1334.

[21] ZHANG D W，LIU G P，CAO L. Proportional integral predictive control of

自主水下航行器协同编队控制技术

high-order fully actuated networked multiagent systems with communication delays [J]. IEEE Transactions on Systems，Man，and Cybernetics：Systems，2022，53（2）：801-812.

[22] KARTAL Y，SUBBARAO K，GANS N R，et al. Distributed backstepping based control of multiple UAV formation flight subject to time delays [J]. IET Control Theory and Applications，2020，14（12）：1628-1638.

[23] HUTCHINSON S，HAGER G D，CORKE P I. A tutorial on visual servo control [J]. IEEE transactions on robotics and automation，1996，12（5）：651-670.

[24] CARVALHO E，SILVA M P，CARDEIRA C. Decentralized formation control of autonomous mobile robots[C]//2009 35th Annual Conference of IEEE Industrial Electronics. IEEE，2009：1504-1509.

[25] 沈尧高，于双和，黄进. 缺乏位置信息的视觉移动机器人 leader-following 编队控制 [J]. 计算机应用与软件，2024，41（2）：73-79.

[26] 刘彤，宗群，刘朋浩，等. 基于结构持久图和视觉定位的多机器人编队生成与控制 [J]. 信息与控制，2018，47（3）：314-323.

[27] 杨翊，周星群，胡志强，等. 基于视觉定位的水下机器人无通信高精度编队技术研究 [J]. 数字海洋与水下攻防，2022，5（1）：50-58.

[28] WALTER V，STAUB N，FRANCHI A，et al. Uvdar system for visual relative localization with application to leader-follower formations of multirotor uavs [J]. IEEE Robotics and Automation Letters，2019，4（3）：2637-2644.

[29] SORIANO T，PHAM H A，GIES V. Experimental Investigation of Relative Localization Estimation in a Coordinated Formation Control of Low-Cost Underwater Drones [J]. Sensors，2023，23（6）：1-17.

[30] HE S，XU R，ZHAO Z，et al. Vision-based neural formation tracking control of multiple autonomous vehicles with visibility and performance

constraints［J］. Neurocomputing，2022，492：651-663.

［31］ LIU X，GE S，GOH C. Vision-based leader-follower formation control of multiagents with visibility constraints［J］. IEEE Transactions on Control Systems Technology，2018，27（3）：1326-1333.

［32］ 杨博，王浩帆，苗峻，等. 基于卫星编队的空间碎片视觉高精度导航方法［J］. 中国空间科学技术，2019，39（1）：40-48.

［33］ 石立伟，鲍鹏筱，陈占，等. 水下球形机器人视觉防碰撞编队策略［J］. 兵工自动化，2022，41（10）：79-83，87.

［34］ SHI L，BAO P，GUO S，et al. Underwater formation system design and implement for small spherical robots［J］. IEEE Systems Journal，2022，17（1）：1259-1269.

［35］ LI H，CAI Y，HONG J，et al. Vg-swarm：A vision-based gene regulation network for uavs swarm behavior emergence［J］. IEEE Robotics and Automation Letters，2023，8（3）：1175-1182.

［36］ CHEON B，KIM J，MIN C，et al. Monocular Vision-Based Guidance and Control for a Formation Flight［J］. International Journal of Aeronautical and Space Sciences，2015，16（4）：581-589.

［37］ MALIS E，BORRELLY J J，Rives P. Intrinsics-free visual servoing with respect to straight lines［C］//IEEE/RSJ International Conference on Intelligent Robots and Systems. IEEE，2002，1：384-389.

［38］ 酒锐波，王彪，曹云峰. 基于 DSP 的无人机编队视频跟踪技术［J］. 现代电子技术，2012，35（6）：99-101，106.

［39］ MONDRAGÓN I F，CAMPOY P，OLIVARES-MENDEZ M A，et al. 3D object following based on visual information for Unmanned Aerial Vehicles ［C］//IX Latin American Robotics Symposium and IEEE Colombian Conference on Automatic Control，2011 IEEE. IEEE，2011：1-7.

［40］ LIU H，LIU D，LYU Y. Completely distributed time-varying formation target tracking for quadrotor team via image-based visual servoing [J]. IEEE Transactions on Vehicular Technology，2021，71（1）：21-32.

[41] BASTOUROUS M，AL-TUWAYYIJ J，GUÉRIN F，et al. Image based visual servoing for multi aerial robots formation [C] //2020 28th Mediterranean Conference on Control and Automation（MED）. IEEE，2020：115-120.

[42] WANG H, GUO D, LIANG X, et al. Adaptive vision-based leader-follower formation control of mobile robots [J]. IEEE Transactions on Industrial Electronics，2016，64（4）：2893-2902.

[43] LIN J，MIAO Z，ZHONG H，et al. Adaptive image-based leader-follower formation control of mobile robots with visibility constraints [J]. IEEE Transactions on Industrial Electronics，2020，68（7）：6010-6019.

[44] 闵欢，卢虎，史浩东. 采用深度神经网络的无人机蜂群视觉协同控制算法 [J]. 西安交通大学学报，2020，54（9）：173-179，196.

[45] HU D Y ZHAO X T, ZHANG S. Robust image-based coordinated control for spacecraft formation flying [J]. Chinese Journal of Aeronautics，2022，35（9）：268-281.

[46] LI Z，YUAN Y，KE F，et al. Robust vision-based tube model predictive control of multiple mobile robots for leader-follower formation [J]. IEEE Transactions on Industrial Electronics，2019，67（4）：3096-3106.

[47] LIANG X，WANG H，LIU Y H，et al. Formation control of nonholonomic mobile robots without position and velocity measurements [J]. IEEE Transactions on Robotics，2017，34（2）：434-446.

[48] MALIS E，CHAUMETTE F，BOUDET S. 2-1/2-D visual servoing [J]. IEEE Transactions on Robotics and Automation，1999，15（2）：238-250.

[49] HUANG Y，SU J. Visual servoing of nonholonomic mobile robots：A review and a novel perspective[J]. IEEE Access，2019，7：134968-134977.

［50］ 曹雨，刘山. 基于单应性矩阵的移动机器人编队跟随控制［J］. 控制理论与应用，2019，36（9）：1382-1390.

［51］ HU G，MACKUNIS W，GANS N，et al. Homography-based visual servo control with imperfect camera calibration［J］. IEEE Transactions on Automatic Control，2009，54（6）：1318-1324.

［52］ FALLAH M M H，JANABI-SHARIFI F，Sajjadi S，et al. A visual predictive control framework for robust and constrained multi-agent formation control［J］. Journal of Intelligent and Robotic Systems，2022，105（4）：1-18.

［53］ CHEN J，BEHAL A，DAWSON D M，et al. Adaptive visual servoing in the presence of intrinsic calibration uncertainty［C］//42nd IEEE International Conference on Decision and Control（IEEE Cat. No. 03CH37475）. IEEE，2003，5：5396-5401.

［54］ FANG Y，DIXON W E，DAWSON D M，et al. An exponential class of model-free visual servoing controllers in the presence of uncertain camera calibration［C］//42nd IEEE International Conference on Decision and Control（IEEE Cat. No. 03CH37475）. IEEE，2003，5：5390-5395.

［55］ HU G，DIXON W E，GUPTA S，et al. A quaternion formulation for homography-based visual servo control［C］//Proceedings 2006 IEEE International Conference on Robotics and Automation，2006. ICRA 2006. IEEE，2006：2391-2396.

［56］ ZHANG X，FANG Y，LIU X. Motion-estimation-based visual servoing of nonholonomic mobile robots［J］. IEEE Transactions on Robotics，2011，27（6）：1167-1175.

［57］ ZHANG X，FANG Y，LIU X. Visual servoing of nonholonomic mobile robots based on a new motion estimation technique［C］//Proceedings of the 48h IEEE Conference on Decision and Control（CDC）held jointly with

2009 28th Chinese Control Conference. IEEE，2009：8428-8433.

[58] ZHANG M，CAI W. Multi-AUV Aided Cooperative 3D-Localization for Underwater Sensor ［J］. Recent Advances in Electrical and Electronic Engineering，2020，13（1）：80-90.

[59] 张艾，李勇. 基于星间测距的编队卫星一致性导航算法 ［J］. 空间控制技术与应用，2015，41（3）：23-27.

[60] 郭鹏军，张睿，高关根，等. 基于相对速度和位置辅助的无人机编队协同导航 ［J］. 上海交通大学学报，2022，56（11）：1438-1446.

[61] LIU Z，LI Y，WU Y，et al. Formation control of nonholonomic unmanned ground vehicles via unscented Kalman filter-based sensor fusion approach ［J］. ISA transactions，2022，125：60-71.

[62] 鲁佳慧，宋逍潇，王青春. 基于人工势场法的水下机器人编队超声波测距设计 ［J］. 机电工程技术，2024，53（4）：20-24，133.

[63] DEHGHANI M A，MENHAJ M B. Communication free leader-follower formation control of unmanned aircraft systems ［J］. Robotics and Autonomous Systems，2016，80：69-75.

[64] 倪淑燕，陈帅，李春月. 仅测距信息可用的编队卫星自主相对导航简化无损卡尔曼滤波方法 ［J］. 科学技术与工程，2017，17（33）：193-199.

[65] 杨少帅，郑威. 基于多传感器的双机编队相对定位算法研究 ［J］. 舰船电子工程，2021，41（11）：28-32.

[66] 苏建敏，董云峰. 卫星编队对空间非合作目标测距相对导航精度分析［J］. 中国空间科学技术，2011，31（5）：48-56.

[67] QUERALTA J P，MCCORD C，GIA T N，et al. Communication-free and index-free distributed formation control algorithm for multi-robot systems［J］. Procedia Computer Science，2019，151：431-438.

[68] KAMINKA G A，SCHECHTER-GLICK R，SADOV V. Using sensor morphology for multirobot formations［J］. IEEE Transactions on Robotics，

2008，24（2）：271-282.

［69］ YU H，SHI P，LIM C C. Formation control of arbitrary shape with no communication［C］//2016 12th World Congress on Intelligent Control and Automation（WCICA）. IEEE，2016：356-359.

［70］ KWON C，HWANG I. Sensing-based distributed state estimation for cooperative multiagent systems［J］. IEEE Transactions on Automatic Control，2018，64（6）：2368-2382.

［71］ CARUNTU C F，COPOT C，LAZAR C，et al. Decentralized predictive formation control for mobile robots without communication［C］//2019 IEEE 15th International Conference on Control and Automation（ICCA）. IEEE，2019：555-560.

［72］ VAN TRAN Q，KIM J. Bearing-constrained formation tracking control of nonholonomic agents without inter-agent communication［J］. IEEE Control Systems Letters，2022，6：2401-2406.

［73］ 梅杰，覃嘉锐，陈定方，等. 基于视觉同时定位与地图构建的水下图像增强式视觉三维重建方法［J］. 中国机械工程，2024，35（2）：268-279.

［74］ 周文雅，李哲，许勇，等.基于双目视觉的无人机编队相对定位算法［J］. 宇航学报，2022，43（1）：122-130.

［75］ 顾海荣，罗佳，高子渝，等. 基于深度相机的大直径救援井三维模型重建研究［J］. 煤田地质与勘探，2023，51（5）：188-197.

［76］ HUANG Y，LI W，NING J，et al. Formation Control for UAV-USVs Heterogeneous System with Collision Avoidance Performance［J］. Journal of Marine Science and Engineering，2023，11（12）：1-22.

［77］ ZHAO Z，FENG X，JIANG C，et al. Distributed short-term predictive control for AUV clusters in underwater cooperative hunting tasks［J］. Ocean Engineering，2024，301：1-11.

［78］ DE BRUIJN F J，GILL E. Influence of sensor and actuator errors on

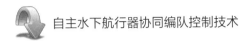
impulsive satellite formation control methods[J]. Acta Astronautica, 2014, 94（2）：608-618.

[79] XIONG S，HOU Z. Data-driven formation control for unknown MIMO nonlinear discrete-time multi-agent systems with sensor fault [J]. IEEE transactions on neural networks and learning systems，2021，33（12）：7728-7742.

[80] ZHANG M，CAI W，XIE Q，et al. Binocular-Vision-Based Obstacle Avoidance Design and Experiments Verification for Underwater Quadrocopter Vehicle [J]. Journal of Marine Science and Engineering，2022，10（8）：1050.

第 7 章　编队实验测试

前面章节主要对自主水下航行器编队控制方法进行理论研究，开展了详细的仿真测试。然而，真实场景下实验测试是验证编队控制方法最有效的手段。为了进一步验证编队控制算法的有效性，本章在校内湖泊、水库环境和千岛湖大型水域三个真实场景下对三台 AUV 进行了编队测试，通过真实试验对部分编队控制方法进行验证。

7.1　编队测试场景

图 7-1 是自主研制的用于编队测试的三台 50 kg 级 AUV。其中，单台 AUV 主要由机动控制子系统、环境感知子系统、核心控制子系统、水下目标探测子系统，以及远程交互子系统组成。机动控制子系统包括推进器、六自由度的 AUV 电子控制系统机械结构，通过稳定的 PID 控制器驱动水下电机进行高机动运动控制；环境感知子系统采用 GPS 与惯导设备、DVL、深度传感器等进行水下环境感知，从而获取 AUV 电子控制系统自身的状态信息，作为运动控制的决策信息源；核心控制子系统根据环境感知子系统采集的环境信息，通过规划、控制与决策算法实现 AUV 电子控制系统的巡航路径规划、高机动巡航控制等功能；水下目标探测子系统通过声呐设备和水下摄像头设备采集水下目标声学和光学数据，实现水下目标探测功能；远程交互子系统

通过水声通信设备实现系统数据上传、远程控制与系统更新等功能，实现 AUV 电子控制系统与母体的数据交互。图 7-2 所示为 AUV 上位机软件的操作界面，主要用于 AUV 的状态显示、参数调整和远程控制。

图 7-1   编队实验的测试设备

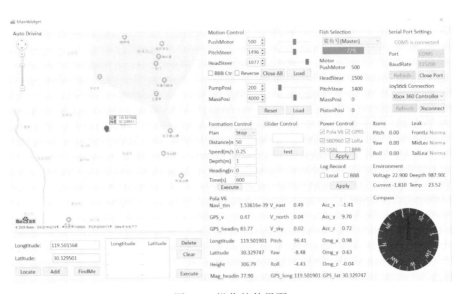

图 7-2   操作软件界面

为确保测试结果的可靠性，本章选择校内湖泊、小型水库和千岛湖大型水域三个真实场景下开展 AUV 编队测试。不同实验场景的具体描述如下。

（1）校内湖

实验地点为杭州电子科技大学下沙校区月雅湖，总面积为 0.44 万 m²。由于该实验场景范围满足 AUV 航行条件，因此，对三台 AUV 的一字编队和三角形编队进行了切换测试，进而验证本书所提出方法的有效性。三台 AUV 的布放过程如图 7-3 所示。

图 7-3　校内湖实验场景下三台 AUV 布放

（2）小型水库

小型水库测试的实验场景为浙江临安地区的水库环境，最大水深约 5 m，水域面积约为 110 m×100 m，基本满足 AUV 航行条件。实验采用 3 台自制 AUV 和 1 台水下遥控机器人，如图 7-4 所示。AUV 与水下遥控机器人的实验拓扑如图 7-5 所示。其中，水下遥控机器人用于引导 AUV 编队的巡航方向；每台 AUV 通过声学调制解调器建立水下无线通信网络。此外，所有 AUV 都被定深在水下 0.5～1 m 处，执行一字编队到三角形编队的编队变换任务。

图 7-4　水库测试场景下 AUV 集群布放

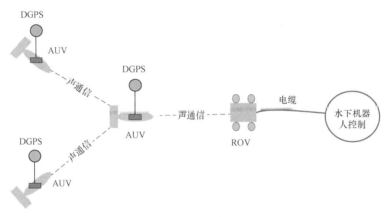

图 7-5　实验拓扑结构

（3）千岛湖

千岛湖测试的场景如图 7-6 所示。该实验场景为浙江千岛湖的某处码头，位置为东经 119.505 2°，北纬 30.329 5°。三台配备声学调制解调器的 AUV 建立水下声学通信网络。其中，一台 AUV 作为领导者遵循预设轨迹，其余两台 AUV 作为跟随者。3 台 AUV 保持在水深 1 m 处，AUV 航行的路线超过 1 km。利用本书所设计的编队控制算法完成一字编队到三角形编队的队形变换。

图 7-6　千岛湖试验场景

7.2　编队测试结果

本节分析校内湖试结果、水库测试结果和千岛湖测试结果，验证所提编队控制方法在实际水下场景下的有效性。

7.2.1　校内湖测试结果

为了验证编队控制算法的有效性，本节从水平角度对校内湖试进行水平拍摄，如图 7-7 所示。其中，图 7-7（a）为近景视角，图 7-7（b）为远景视角。不难发现，三台 AUV 在本书所提出的编队控制律作用下，可以沿着整齐有序的队列形状航行。

(a) 近景视角

图 7-7　三台 AUV 编队水平拍摄

(b) 远景视角

图 7-7   三台 AUV 编队水平拍摄（续）

为了清晰起见，本节使用深圳大疆创新科技有限公司的精灵 3 无人机进行俯视拍摄整个编队过程，三台 AUV 编队切换的主要过程如图 7-8 所示，展示了其中的 8 个关键场景图。图 7-8（a）步骤 1 至图 7-8（c）步骤 3 为三台 AUV 保持三角形队列往前航行的场景，图 7-8（d）步骤 4 至图 7-8（f）步骤 6 为三台 AUV 从三角形队列切换成一字型队列的变换场景，图 7-8（g）步骤 7 至图 7 8（h）步骤 8 为三台 AUV 始终保持一字编队向前航行的场景。以上实验结果直观地验证了编队控制算法可以满足简单编队切换和编队保持的作业任务。

(a) 步骤 1

图 7-8   校园湖测试场景下航拍下编队实测结果

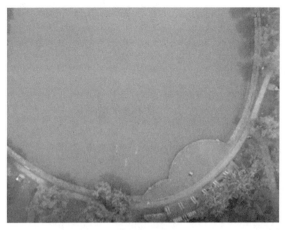

(b) 步骤 2

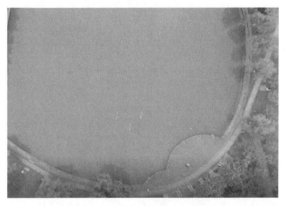

(c) 步骤 3

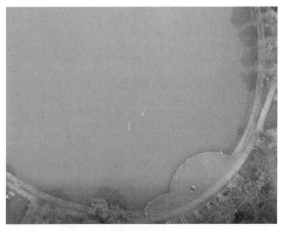

(d) 步骤 4

图 7-8　校园湖测试场景下航拍下编队实测结果（续）

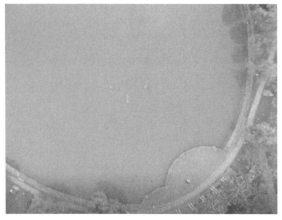

(e) 步骤 5

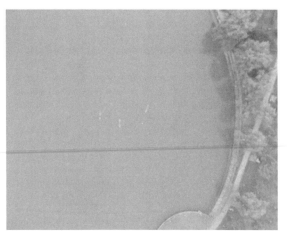

(f) 步骤 6

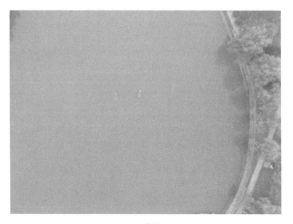

(g) 步骤 7

图 7-8　校园湖测试场景下航拍下编队实测结果（续）

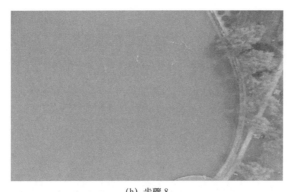

(h) 步骤 8

图 7-8 校园湖测试场景下航拍下编队实测结果（续）

7.2.2 水库测试结果

利用三台自行研制的 AUV 在水库场景下进行编队控制测试，采用深圳大疆创新科技有限公司的精灵 3 无人机进行俯视拍摄，结果如图 7-9 和图 7-10 所示。在从一字编队到三角编队的队形变换过程中，图 7-9（a）～图 7-9（d）为 4 个关键快照，图 7-9（e）和图 7-9（f）分别为三台 AUV 真实轨迹图（根据 AUV 搭载的 GPS 数据提供的位置信息计算）和队形变换轨迹图。在从三角编队到一字编队的队形变换过程中，图 7-10（a）～图 7-10（d）为四个关键快照，图 7-10（e）和图 7-10（f）分别为三台 AUV 真实轨迹图和队形变换轨迹图。上述实验结果验证了控制算法的有效性，在姿态不准确和通信带宽较低的情况下仍然可以完成任务。

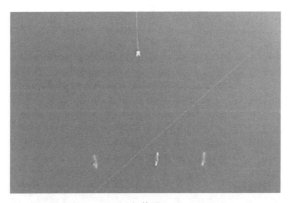

(a) 快照 1

图 7-9 水库测试场景下从一字编队变为三角编队的变换结果

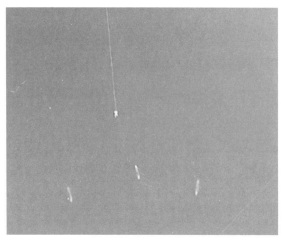

(b) 快照 2

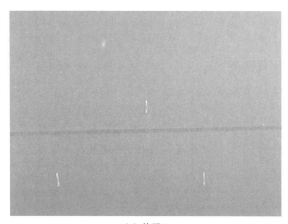

(c) 快照 3

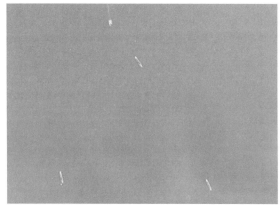

(d) 快照 4

图 7-9　水库测试场景下从一字编队变为三角编队的变换结果（续）

(e) 三台 AUV 轨迹

(f) 队形变换轨迹

图 7-9　水库测试场景下从一字编队变为三角编队的变换结果（续）

(a) 快照 1

图 7-10　水库测试场景下从三角编队变为一字编队的变换结果

231

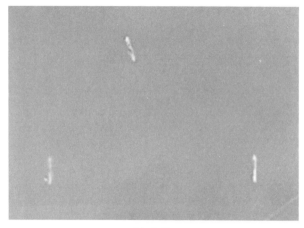

(b) 快照 2

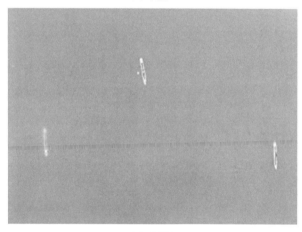

(c) 快照 3

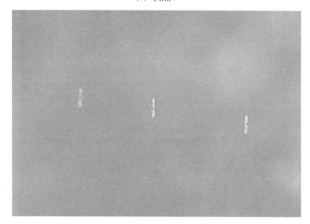

(d) 快照 4

图 7-10　水库测试场景下从三角编队变为一字编队的变换结果（续）

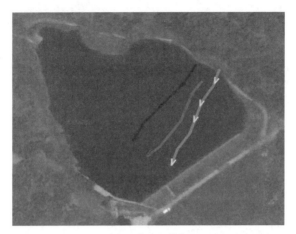

(e)　三台 UUV 轨迹

(f)　队形变换轨迹

图 7-10　水库测试场景下从三角编队变为一字编队的变换结果（续）

图 7-11 展示了编队变换过程中三台 AUV 的三维轨迹。其中，z 轴值表示三台 AUV 在队形变换轨迹下的不同深度，验证了在水下区域可以保持队形变换和维持效果。根据图 7-11 可以发现，在现场试验中，由于环境干扰、测量不准确、通信延迟和某些时段的通信丢失，导致编队形状保持度一般，但是 AUV 编队仍然可以呈现出所需的编队模式。

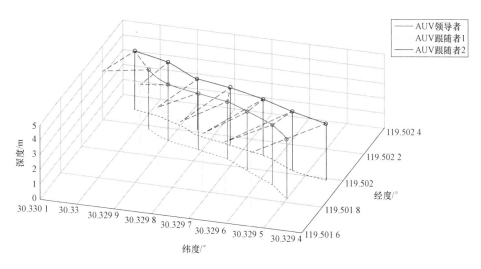

(a) 队形由V型转变为单线型

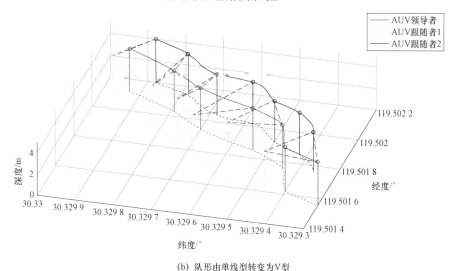

(b) 队形由单线型转变为V型

图 7-11　编队变换时不同 AUV 的三维轨迹

7.2.3　千岛湖测试结果

在千岛湖测试过程中，大疆无人机携带的鸟瞰摄像机对 AUV 编队的队形变换过程进行全程记录。图 7-12 展示了 AUV 编队从一字编队到三角编队的全过程。其中，位于中间的 AUV 作为领导者，通过水声通信方式将位置信息发送给跟随者；位于两侧的 AUV 则作为跟随者，通过所接收的信息与编队控制器进行后续动作选择。此外，根据 AUV 所存储位置数据，绘制卫星地图上三台 AUV 的导航轨迹，如图 7-13 所示。上述实验结果验证了编队控制算法的有效性。值得注意的是上述 AUV 编队的控制结果仍然存在偏差。这主要是由于以下几个限制：① 水下导航和定位一直是一个具有挑战性的难题；② 传感器中不可预测的错误影响了实验结果；③ AUV 的响应速度和不可预测的外部因素。

(a) 试验场景

(b) 一字编队

图 7-12　千岛湖测试场景下编队变换结果

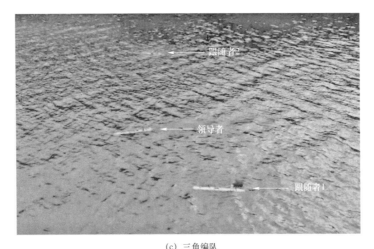

(c) 三角编队

图 7-12 千岛湖测试场景下编队变换结果（续）

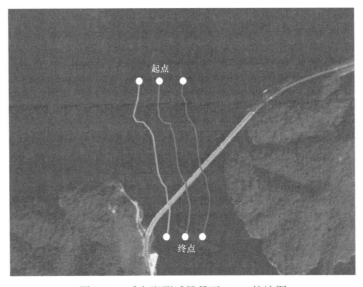

图 7-13 千岛湖测试场景下 AUV 轨迹图

7.3 协同编队探测测试结果及分析

由于协同编队探测的感知需求，研制适用于 AUV 的声光探测设备来检测水下目标，进一步验证本节所提编队控制方法的有效性。

声光联合探测装置如图 7-14 所示，主要由水下光学相机和水下声呐模块组成。水下光学相机和水下声呐模块通过以太网通信方式将数据发送至交换机，通过交换机转发给 GPU 处理器或其他设备进行水下目标探测或其他后续处理。

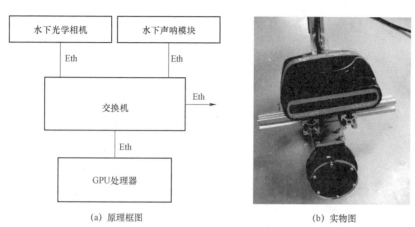

(a) 原理框图 (b) 实物图

图 7-14 声光联合探测装置

对水下典型目标的探测结果如图 7-15 所示。其中，部分场景下该设备可准确显示水下目标的特征，但仍存在部分目标下难以体现其特征信息，如图 7-15（b）所示。

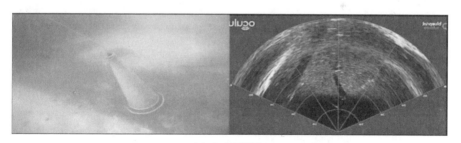

(a) 水下锥形路标

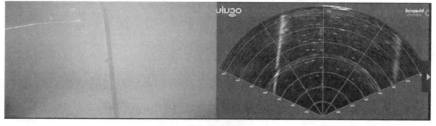

(b) 水下立柱

图 7-15 水下典型目标数据探测结果

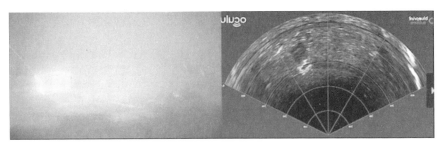

（c）水下石块

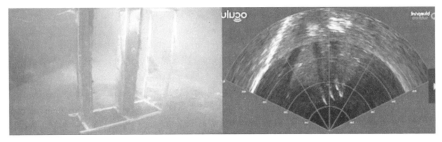

（d）铁架子

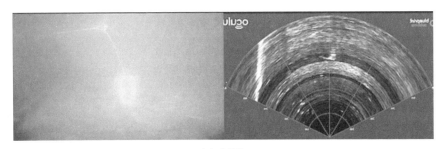

（e）水泥块

图 7-15　水下典型目标数据探测结果（续）

　　为解决上述问题，初步研究了基于声光信息联合的水下目标探测方法，拟改进卷积神经网络模型测试小目标自动分割方法，并初步验证水下小目标探测的可行性。如图 7-16 所示，该算法通过整合声学特征和光学特征信息的方式准确识别水下目标。此外，如图 7-17 所示，将所提出的水下目标探测方法成功移植到 AUV 上位机软件，成功识别以其他 AUV 为代表的水下目标，并在上位机的操作界面显示识别结果。

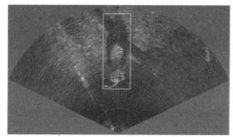

图 7-16 声光信息联合成像结果与目标识别结果

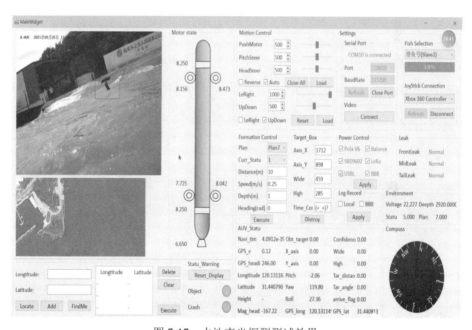

图 7-17 水池声光探测测试效果

7.4 本章小结

　　本章首先介绍 AUV 测试设备及校内湖、水库和千岛湖三个真实场景；其次采用三台 AUV 在不同场景下开展编队实验，验证本书所提编队控制方法在水下场景中的实际性能。通过分析实验过程的 AUV 轨迹数据和视频图像，验证了本书所研究的编队控制方法的有效性。最后为了实现编队协同探测，研制了一种声光联合探测装备及相应的探测模型，为后续学者的研究工作提供参考。